“青马”奋蹄

——山东大学成仿吾英才班四期纪实

主编　马晓琳　翁祥栋

山东大学出版社
SHANDONG UNIVERSITY PRESS

·济南·

图书在版编目(CIP)数据

“青马”奋蹄：山东大学成仿吾英才班四期纪实 / 马晓琳，翁祥栋主编.—济南：山东大学出版社，2021.9

ISBN 978-7-5607-7155-7

Ⅰ. ①青… Ⅱ. ①马… ②翁… Ⅲ. ①山东大学—思想政治教育—概况 Ⅳ. ①G641

中国版本图书馆 CIP 数据核字(2021)第 193323 号

策划编辑 刘 彤
责任编辑 刘 彤
封面设计 张 荔

出版发行 山东大学出版社
社　　址 山东省济南市山大南路 20 号
邮政编码 250100
发行热线 (0531)88363008
经　　销 新华书店
印　　刷 济南华林彩印有限公司
规　　格 720 毫米×1000 毫米 1/16
　　　　 12 印张 155 千字
版　　次 2021 年 9 月第 1 版
印　　次 2021 年 9 月第 1 次印刷
定　　价 38.00 元

《“青马”奋蹄》
编委会

青春梦　山大梦　中国梦

（序言）

2021年，中国共产党迎来了百年华诞；

2021年，山东大学也将举行百廿校庆。

百年党史波澜壮阔，百廿山大薪火相传，山东大学成仿吾英才班四期学员青马奋蹄接力前行。

百廿山大与国家同呼吸共命运。

承齐鲁文脉，为天下储人材；融中西学术，为国家图富强。

站在"建党百年 建校百廿"的新的历史节点，山东大学扎根祖国大地，追求卓越、只争朝夕，深入实施国家战略，努力实现"由大到强"的历史性转变。

作为一所历史悠久、学科齐全、实力雄厚、特色鲜明的重点综合性大学，山东大学在近年来实现了跨越式发展，但始终坚守"为国育贤"办学初心，形成了结构完整、实力雄厚、独具特色的人才培养体系。一代又一代山大人秉持家国情怀、勇于担当、崇实创新，将青春融入祖国的大好山河，为中华民族的伟大复兴不断奋斗。

教育强则国家强，人才兴则民族兴。

高等教育发展水平是一个国家发展水平和发展潜力的重要标志，我们越是接近中华民族伟大复兴的目标，就越需要发挥高等教育的作用，越渴求科学知识和卓越人才。而成立成仿吾英才班正是山东大学为深入贯彻全国高校思想政治工作会议精神，落实中共中央、国务院印发的《关于加强和改进新形势下高校思想政治工作的意见》，充分发挥本校马克思主义学科优势，深入推进“青年马克思主义者培养工程”所采取的重要举措。

成仿吾先生是中国无产阶级革命家、忠诚的共产主义战士、新文化运动的重要代表、无产阶级教育家和社会科学家、文学家、翻译家。1958年，他在山东大学担任校长兼党委书记，不仅承担起了迁移校址的重要工作，还将山大教学工作提升到新高度。

先生之风，山高水长，春风化雨，润物无声。

成仿吾英才班旨在通过对优秀大学生进行马克思主义基本理论和实践技能的培育，以理论授课、基层锻炼、交流访学、人文育人、社会实践等形式为载体，探索培养具有马克思主义理论素养和领导才能的特色人才培养模式，培养一批政治坚定、素质全面、具有卓越领导力和高度社会责任感的青年学生骨干，发展一批走在时代前列的奋进者、开拓者，社会主义核心价值观的坚定信仰者、积极传播者和模范践行者，使其成为引领广大青年学生成长、推动校园文化传承与发展的榜样，让仿吾精神永续传承，让信仰之火熊熊不息。

百侣同行，亦师亦友，青春岁月，百舸争流。

时光飞逝，如今第四期的你们怀揣着青年人特有的理想加入了成仿吾班的大家庭。你们齐头并进，收获成长：沂蒙红色教育基地、台儿庄实践教学……你们斗志昂扬，争创辉煌：“镜头中的三下乡”全国优秀报道团队、“挑战杯”竞赛、“我和我的学校”网络微视频接力……你们躬行求索，胸怀家国：暑期扶贫社会实践、升国旗主题团日活动、青春志愿行、十五届五中全会精神宣讲……

我们的山大青年，心中有光，不畏道阻且长。

我们的山大青年，以己微光，汇聚母校星河。

我们的山大青年，红旗之下，与祖国共成长。

青春梦是奋斗梦。青年需要有远大抱负，更需要脚踏实地，让勤奋学习成为青春远航的动力，让增长本事成为青春搏击的能量。你们要正确认识新时代赋予自己的使命，以山大先辈们的优良品质为力量，努力成长为政治坚定、素质全面、具有卓越领导力和高度社会责任感的青年骨干，争做新时代的奋斗者、追梦人，为夺取全面建设社会主义现代化国家新胜利贡献自己的青春力量。

山大梦是强校梦。我们山大要秉承“为天下储人材，为国家图富强”的办学宗旨，践行“学无止境，气有浩然”的校训，蹈厉奋发，薪火相传。站在新的历史方位，面对新形势新任务新要求，我们山大将以追求卓越、只争朝夕的精神状态，紧密围绕立德树人根本任务，全面深化综合改革，加快完善现代大学制度体系，为早日建成中国特色世界一流大学而不懈努力奋斗。

中国梦是复兴梦。为实现国家富强、民族振兴、人民幸福，我们的党把国家的追求、民族的向往、人民的期盼融为一体。中国梦是国家的梦、民族的梦，也是每一位中华儿女的梦。我们只要把人生理想融入国家和民族的伟大梦想之中，把“小我”融入“大我”，敢于有梦、勇于追梦、勤于圆梦，就一定会汇聚起实现中国梦的强大力量。

“百年犹未老，世纪正青春。”

1919 年，26 岁的青年毛泽东在《湘江评论》上发文写道：“天下者，我们的天下；国家者，我们的国家；社会者，我们的社会；我们不说，谁说？我们不干，谁干？”

2014 年 5 月 4 日，习近平总书记在北京大学师生座谈会上指出：“时间之河川流不息，每一代青年都有自己的际遇和机缘，都要在自己所处的时代条件下谋划人生、创造历史。”

青春的主题歌是什么？是奋斗。

这就是青年，总有使不完的劲，总有追不完的梦，总能站在时代潮流的前沿。正是觉醒年代里这一批革命青年的艰辛探索、几代共产党人的接续奋斗，为人类社会提供了一种崭新的选择。这就是青春，因为青春，所以无所畏惧，披荆斩棘，执着前行。

仿吾班四期的“小青马”们，伟大梦想不是等得来、喊得来的，而是拼出来、干出来的。在这个千帆竞发、百舸争流的时代，希望你们勇立潮头、奋勇搏击。既然生逢盛世，当不负盛世。经济发展稳定向好，生产生活秩序稳步恢复，这是我们中国人靠自己的努力抢回来的一年。但放眼全球，一些国家和地区依然饱受疫情肆虐之苦。这既让我们倍加珍惜眼前的一切，也让我们对人类命运共同体的理解更加深刻。

青春中国需要青年力量，青年参与历史，也创造历史。从一代又一代青年人谱写的青春之歌里，人们更能读懂青春中国的“时代密码”，那就是百折不挠的理想与追求，那就是矢志不渝的爱国与奉献。让我们用中国梦激扬青春梦，用强校梦振奋青春梦，点亮理想的灯，照亮前行的路。

编　者

2021 年 7 月

目　录

第二目 "仿吾"青春,躬身践行

第三目　"仿吾"播种,思想深耕

山东大学成仿吾英才班四期学员开班式合影

“弘扬抗疫精神　助力脱贫攻坚　展现青春担当”升国旗主题团日活动
山东大学党委书记郭新立同成仿吾英才班四期学员合影

山东大学成仿吾英才班四期学员参加“学习党史传承红色基因，
筑梦青春献礼百廿校庆”升国旗主题团日活动

山东大学成仿吾英才班四期学员聆听沂蒙精神红色专题教育课程

山东大学成仿吾英才班四期学员在沂蒙红色教育基地合影

山东大学成仿吾英才班四期学员在孟良崮战役纪念馆前合影

山东大学成仿吾英才班四期学员在孟良崮战役纪念馆内参观学习

山东大学成仿吾英才班四期学员在粟裕将军骨灰撒放处庄严宣誓

山东大学成仿吾英才班四期学员在台儿庄古城内参观学习

山东大学成仿吾英才班四期学员在台儿庄大战纪念馆前合影

山东大学成仿吾英才班四期学员在台儿庄大战遗址合影

山东大学成仿吾英才班四期学员在铁道游击队纪念碑前合影

山东大学成仿吾英才班四期学员在铁道游击队纪念馆内合影

山东大学成仿吾英才班四期学员同授课教师王韶兴教授合影

山东大学周向军教授为成仿吾英才班四期学员授课

山东大学成仿吾英才班四期学员同班主任、学业导师合影

荣誉证书

山东大学成仿吾英才班“语闻”赴鲁苏辽皖聚焦贫困人口健康扶贫现状调研团：

荣获2020年“镜头中的三下乡”

优秀报道团队

团中央青年发展部　中国青年报社

2021年1月

山东大学成仿吾英才班四期社会实践团队获团中央青年发展部、中国青年报社表彰

“建党百年　立校百廿”里的山大故事拍摄现场

山东大学成仿吾英才班四期学员参与摄制的《回望罗荣桓元帅在山大的峥嵘岁月》获"微言教育"和"山东教育发布"转发报道

山东大学成仿吾英才班四期学员在寒假开展党的十九届五中全会精神宣讲

山东大学成仿吾英才班四期学员在外国语学院开展党史宣讲

山东大学成仿吾英才班四期学员在山东大学党史学习教育
“百天百队百场讲百年党史”动员汇报会上作示范宣讲

成仿吾英才班大事记

2020 年 7 月 12～28 日

山东大学成仿吾英才班四期正式成立并开展系列活动

7 月 12 日下午，山东大学成仿吾英才班四期举行线上第一次班会，安排部署班级重点工作。山东大学团委副书记、成仿吾英才班辅导员翁祥栋与成仿吾英才班四期全体学员参加了会议。会议由成仿吾英才班四期班主任李磊主持。

7 月 18 日下午，山东大学成仿吾英才班召开线上第二次班会，进行班委选举和暑期社会实践立项答辩。班级组织架构更加完善，暑期社会实践队伍整装待发。

7 月 28 日晚，山东大学成仿吾英才班"'青马'奋蹄，战疫有我；绽放青春，知行仿吾"三期、四期战疫故事分享交流会在线上召开。

8 月 4 日晚，山东大学成仿吾英才班召开线上见面会，学员依次进行自我介绍、才艺展示，大家各展所长，氛围融洽。

2020 年 8 月 1～20 日

山东大学成仿吾英才班暑期社会实践顺利进行

成仿吾英才班四期各支实践队伍紧紧围绕"扶贫攻坚"这一主题，

从"抗疫与扶贫""教育扶贫""健康扶贫"和"特色产业扶贫"等多个维度开展暑期扶贫社会调研。

8月1～15日，山东大学成仿吾英才班"歆然"教育扶贫社会实践队聚焦教育扶贫，调查教育扶贫与救助政策的实施状况，探究教育扶贫在促进当地学生成长、教育发展、科技进步、贫困人口受益等方面发挥的作用。

8月8～14日，山东大学成仿吾英才班"达康"特色产业助脱贫调研队前往山东省泰安市、潍坊市和淄博市三地进行特色产业助脱贫调研，分析当地产业的发展优势及存在的不足，总结脱贫经验，为当地发展建言献策。

8月11～15日，山东大学成仿吾英才班"一枝一叶"抗疫扶贫调研队以探寻新冠肺炎疫情对国家脱贫攻坚任务的影响为主线，深入基层，探寻新冠肺炎疫情对确保按时高质量打赢脱贫攻坚战造成的影响。

此次暑期调研过程中，山东大学成仿吾英才班四期学员展现了山大学子的优良作风，展现了新时代"小青马"们深入基层、发现问题、解决问题的实干姿态和奉献精神，展现了当代青年昂扬向上、朝气蓬勃的良好精神风貌。

2020年8月13日

山东大学成仿吾英才班四期学员自办并集体运营的微信公众号"仿吾'青马'的芳草地"正式开通上线。这是学员发声的"喉舌"、学员成长的"园地"，是仿吾班"小青马"们的共同记忆。在这里，学员记录了自己在仿吾班学习、成长的点点滴滴。

2020年9月20日

山东大学成仿吾英才班四期"开学第一课"开讲

9月20日上午，山东大学马克思主义学院教授王韶兴为成仿吾英才班四期学员讲授"开学第一课"，从而拉开了成仿吾英才班四期理论教学的大幕。这是一堂内容精彩且充满感染力的思政“金课”，对于拓展学员理论视野、促进学员成长成才具有重要意义。

2020 年 9 月 24 日

山东大学成仿吾英才班三期结业式暨四期开班式举行

9 月 24 日，山东大学成仿吾英才班三期结业式暨四期开班式在山东大学中心校区举行。山东大学党委副书记张永兵、本科生院院长刘传勇、校团委书记张熙，成仿吾英才班辅导员、班主任、学业导师，成仿吾英才班三期、四期全体学员等参加活动。活动由山东大学马克思主义学院党委书记马晓琳主持。

2020 年 10 月 1 日

山东大学成仿吾英才班四期学员参加“弘扬抗疫精神，助力脱贫攻坚，展现青春担当”升国旗主题团日活动

为庆祝中华人民共和国成立 71 周年，在国庆节来临之际，山东大学在一校三地举行“弘扬抗疫精神，助力脱贫攻坚，展现青春担当”升国旗主题团日活动。山东大学党委书记郭新立出席中心校区的活动，党委副书记王君松参加活动并寄语青年学子。成仿吾英才班学员代表参加，并同郭新立书记合影留念。

2020 年 10 月 3～4 日

山东大学成仿吾英才班四期学员赴沂蒙红色教育基地开展实践教学

10 月 3～4 日，山东大学成仿吾英才班四期学员在山东大学团委和马克思主义学院共同组织下奔赴山东沂蒙地区，开展“追寻沂蒙精神、触摸红色记忆”国庆实践教学活动。实践教学是成仿吾英才班培养计划的重要组成部分，旨在通过红色革命教育基地的实践活动与现场教学，使学员在重温革命历史、感悟红色精神的同时，联系所学马克思主义有关基本理论，提高自己的理论应用水平。

2020年11月1日

仿吾班学业导师与仿吾班学员交流会暨山东大学成仿吾英才班四期第一次读书会

11月1日上午，山东大学成仿吾英才班举办仿吾班学业导师与仿吾班学员交流会暨仿吾班四期第一次读书会。本次活动邀请陈凤、董祥宾、王磊、汤莹四位学业导师与同学们畅谈成长成才之路、分享读书经验心得，成仿吾英才班四期全体成员参加本次活动。活动由成仿吾英才班四期班主任李磊主持。

2020年11月20日

《“建党百年 立校百廿”里的山大故事》系列短视频开拍

在建党百年、建校百廿之际，山东大学团委组织摄制“百廿山大”历史人物系列短视频。百廿山大波澜壮阔，百年初心历久弥坚。寻历史足迹，忆峥嵘岁月，成仿吾英才班学员同前辈先贤对话，亲身演绎成仿吾、闻一多、罗荣桓、华岗等各个历史时期的山大人勇于担当、矢志报国的精彩故事，传承百廿山大的精神积淀，探求建党百年的不变初心，激励青年奋进向上。

2020年12月4～10日

山东大学成仿吾英才班四期学员开展志愿服务系列活动

为庆祝第35个国际志愿者日，努力践行“人人都做志愿者”的口号，成仿吾英才班四期学员开展了以“青春志愿行，共筑中国梦”为主题的系列志愿服务活动。学员分成四组分别前往济南市建筑新村街道、大明湖、历下区创益园和七里堡社区开展志愿服务活动。在本次活动中，学员秉承“文明礼貌，严于守已”的原则，倡导“奉献、友爱、互助、进步”的志愿者精神，既增强了社会责任感，也锻炼了沟通交际能力，展现了仿吾班“小青马”们吃苦耐劳、乐于奉献的良好风采。

2020 年 12 月 16 日

山东大学成仿吾英才班四期学员在《山东大学报》2020 年第 36 期“山大青年说”专版刊发关于仿吾精神的理论学习文章

仿吾精神是成仿吾先生在艰苦卓绝的革命斗争实践中磨砺形成的一笔宝贵精神财富，具有鲜明的时代价值，至今仍然熠熠生辉。为深入挖掘提炼仿吾精神，成仿吾英才班四期学员认真学习研究仿吾精神，着重分析仿吾精神的科学内涵，从新时代社会主义建设、教育事业发展和青年成长成才等方面思考仿吾精神的时代价值，并着力探讨新时代背景下仿吾精神的不同传承路径。优秀文章在《山东大学报》2020 年第 36 期“山大青年说”专版刊发，广受好评。

2021 年 1 月 12 日～2 月 28 日

山东大学成仿吾英才班四期学员开展党的十九届五中全会精神宣讲

寒假期间，为深入学习宣传贯彻党的十九届五中全会精神，在学校的号召以及老师的助力下，成仿吾英才班的学员们充分利用自己的所学及专长，走进社区、深入企业，开展了多场关于党的十九届五中全会精神的宣讲活动。四支队伍围绕“贯彻十九届五中全会精神，奋进现代化建设新征程”这一主题，聚焦多维度社会热点话题，利用资料视频、PPT 等多元形式对党的十九届五中全会精神进行了解读，取得积极的社会反响。

2021 年 3 月 20 日

山东大学成仿吾英才班社会实践团队荣获“2020 年‘镜头中的三下乡’全国优秀报道团队”称号

为传播和展现 2020 年全国大中专学生志愿者暑期“三下乡”社会实践活动成果，团中央青年发展部、中国青年报社共同举办了 2020 年“镜头中的三下乡”评选活动。活动共有 30 个省(自治区、直辖市)的 1400 余所学校报名参与,4.4万支团队共计报送29.2万件作品。经过报名审核、作品发布、网络展示、综合评审等环节,山东大学成仿吾英才班"语闻"赴鲁、苏、辽、皖,聚焦贫困人口健康扶贫现状调研团脱颖而出,荣获"优秀报道团队"称号,是山东大学在此次评选活动中的唯一获奖团队。

2021年4月6～7日

山东大学成仿吾英才班四期学员参与摄制的《回望校友罗荣桓元帅在山大的峥嵘岁月》获"微言教育"和"山东教育发布"转发报道

在中国共产党成立100周年之际,教育部组织"我和我的学校"网络微视频接力活动,开启"红色记忆"篇章,号召师生回顾党的历史,讲述红色校史,缅怀革命先烈,学习党史,砥砺前行。山东大学成仿吾英才班学员代表参与摄制的《回望校友罗荣桓元帅在山大的峥嵘岁月》,获教育部新闻办公室官方微信公众号"微言教育"和山东省教育厅官方微信公众号"山东教育发布"转发报道,在社会上引起较大关注。

2021年4月13日

山东大学成仿吾英才班四期学员在"学史鉴今守初心,读史明理担使命"党史学习心得征文比赛中取得佳绩

为积极开展党史学习教育,努力做到学史明理、学史增信、学史崇德、学史力行,做到学党史、悟思想、办实事、开新局,山东大学成仿吾英才班四期学员在山东大学马克思主义学院举办的"学史鉴今守初心,读史明理担使命"党史学习心得征文比赛中,以较高的理论水平和行文风采,斩获颇丰,获得特等奖一名、二等奖四名、三等奖两名、优秀奖七名。

2021年4月17～18日

山东大学成仿吾英才班四期学员赴台儿庄等地开展实践教学

为深入贯彻落实习近平总书记在党史学习教育动员大会中的讲话精神,将党史学习融入团员教育活动中、融入"青马工程"培养中,引导山大青年学子厚植爱党、爱国、爱社会主义的朴素情感,4月17～18日,校团委及马克思主义学院组织山东大学成仿吾英才班四期学员前往台儿庄等红色教育基地开展实践教学活动。

2021 年 4 月 20 日

山东大学成仿吾英才班社会调研团队荣获第十七届"挑战杯"山东大学大学生课外学术科技作品竞赛红色专项活动一等奖

2020 年是我国全面建成小康社会的收官之年，山东大学成仿吾英才班"达康"脱贫调研团分三队赴山东省泰安市、潍坊市和淄博市进行特色产业助脱贫调研，并最终形成万字调研报告。调研团深入挖掘了三地脱贫方式的内在关联，提出了三点考量和四点普适性建议，并且对于现有产业扶贫过程中的困难和缺点提出思考。该项目也取得了良好的社会反响与宣传效果，最终获得了第十七届"挑战杯"山东大学大学生课外学术科技作品竞赛红色专项活动一等奖。

2021 年 4 月 24 日

山东大学仿吾班团支部同马克思主义理论 2020 级本科团支部开展党史联学活动暨"传承红色基因·彰显青马担当"主题团日活动

为在团员青年中扎实推进党史学习教育，引导团员青年从党的百年光辉历史中汲取继续前行的智慧和力量，让青春在奋斗中闪光，在五四青年节即将到来之际，成仿吾英才班团支部同马克思主义理论 2020 级本科团支部在仿吾学堂开展党史联学活动暨"传承红色基因·彰显青马担当"主题团日活动。成仿吾英才班四期班主任李磊、马克思主义理论2020 级本科辅导员胡致祥、成仿吾英才班学员、马克思主义理论2020 级本科团支部团员代表等参加活动。

2021 年 4 月 30 日

山东大学成仿吾英才班四期学员参加"学习党史传承红色基因，筑梦青春献礼百廿校庆"升国旗主题团日活动

为庆祝中国共产党建党 100 周年、山东大学建校 120 周年，引导山大团员青年重温峥嵘岁月，坚定奋斗方向，在“五四”青年节来临之际，山东大学举行“学习党史传承红色基因，筑梦青春献礼百廿校庆”升国旗主题团日活动。山东大学党委副书记王君松出席并寄语青年学子。成仿吾英才班四期在中心校区的学员参加了本次活动，学员代表马中南在国旗下公开分享了党史学习的心得体悟。

2021 年 5 月 13 日

山东大学成仿吾英才班四期学员参加学校党史学习教育“青年宣讲团”成立暨“百天百队百场讲百年党史”动员汇报会

为认真学习贯彻习近平总书记在党史学习教育动员大会上的重要讲话精神，将党史知识融入青年团员教育日常，引导青年学生知史爱党、知史爱国，5 月 13 日山东大学党史学习教育“青年宣讲团”成立暨“百天百队百场讲百年党史”动员汇报会在中心校区小树林举行。山东大学党委副书记王君松出席会议。“青马特色班宣讲轻骑兵”成员、全国五四红旗团支部——成仿吾英才班团支部成员周冠辰、邵点从党员引领的维度系统性地向大家展现了中国共产党初心蕴藏的强国密码和丰厚的时代内涵，并鼓励广大青年学子学习身边的党员模范，从自身出发，传承红色基因，当好党的预备队和后备军。

2021 年 5 月 19 日至 6 月 19 日

山东大学成仿吾英才班四期学员赴经济学院、管理学院、历史文化学院、外国语学院、国际教育学院等学院开展党史宣讲

山东大学成仿吾英才班学员认真学习习近平总书记在党史学习教育动员大会上的重要讲话精神，坚定不移地“学党史、强信念、跟党走”。自 5 月中旬以来，多次前往山东大学经济学院、管理学院、外国语学院、历史文化学院、国际教育学院等，进行以“马克思主义在中国传播”为主题的党史教育宣讲，将所学知识投入实践，不断扩大党史教育影响面，充分发挥“青马”工程特色班级的引领作用。

第一目 仿吾学堂，学思求知

红色智慧根植于广大的中华大地，经血与火的淬炼升华，在一代代的传承中熠熠生辉。今天的青年，接过时代的接力棒，自要在思想上武装好自己！作为山东大学成仿吾英才班的成员，“小青马”们在一次次理论学习中汲取精神养分，塑造红色人格，越发明确自己的时代使命与历史担当。

每一次理论课都经过了名师名家的精心打磨，角度新颖，内涵深刻，并针对仿吾班作了个性化设置，凡此种种，都只是为了在有限的时间内给学员们带来一场精神上的饕餮盛宴。思维的碰撞，心灵的交流，灵感的迸现。在这里，睿智的思想不再是停留在书上的文字，而是跃动着的、欢愉的、在每一个人耳边轻悦作响的音符。“理论学习，学深悟透！”这句话说出了仿吾班每一个成员的心声，反映了他们对信仰的坚守与热爱。

课下，“小青马”们通过多种渠道深入学习党史，探寻蕴藏在历史长河中的红色基因。星星之火，光耀九州；披荆斩棘，继往开来。今天我们把握着历史的航向，热血为帆，追求作桨，续写新的篇章！

成仿吾老校长已经离开我们很多年了，但他留给我们的精神财富却永远不会褪色，不会消失！

（文/朱展鹏）

第一话|“仿吾”拾忆　“青马”奋蹄

【编者按】 自2017年成立以来,“成仿吾英才班”已经见证了四年的“青马时光”。在对马克思主义基本理论和实践技能的学习过程中,一位位有梦想、有担当、有创新的“小青马”正逐步成长,走向成熟。他们斗志昂扬、自信心十足,他们信仰坚定、脚踏实地,他们砥砺前行、活力无限,他们具备了扎实的理论功底,坚定了自己的理想信念。伴随着系统专业的理论学习和丰富多彩的切身实践,四期的学员们一起踏上了这崭新的起点。

“青马”学堂，名家荟萃

马克思主义理论是我们做好一切工作的看家本领，是党员领导干部必须掌握的制胜法宝。山东大学成仿吾英才班四期学员坚持不懈抓好理论学习，在为期一年的学习中，在国内外知名专家学者和班主任李磊老师的带领下，追寻红色记忆，传承仿吾精神，通过参加讲座、组织研讨会、撰写论文、拍摄视频等丰富多彩的形式，系统学习了马克思主义理论专业的基础知识，在这一过程中，“小青马”们的政治素质和理论水平得到了很大的提升，思想觉悟得到了很大的提高。

扎实理论功底，坚定理想信念

习近平总书记指出：“学习是文明传承之途、人生成长之梯、政党巩固之基、国家兴盛之要。”重视理论学习、善于进行理论学习，无疑是我们党的优良传统，也是我们青年一代必须筑牢的成长之基。在每个双周日，仿吾学堂总是热闹的，成仿吾英才班四期全体学员齐聚一堂，研究学习马克思主义的基本原理与科学精神，了解马克思主义学科的最新动态，共享精神上的饕餮盛宴。从马克思主义基本理论到《毛泽东选集》导读，从中国社会发展到当代青年价值观演变，从“把人民群众生命安全和身体健康放在第一位”的抗疫精神到党的十九届五中全会新意解析，从“学习党史践初心”到“学党史、悟思想、开新局”的理论讲授，这些丰富的主题课程既有历史深度，又有理论高度，涵盖了学员们所关注的方方面面，也让学员们对马克思主义的内涵以及所肩负的社会责任更加明确。除此之外，通过参与“马克思主义学院思政名师大讲堂”“‘寒假一课’系列网络直播课程”等学术和科普论坛，在与来访的专家学者的交流中，学员们不仅学到了很多以前没有接触过的知识，更是在理论上得到了进一步的充实，在思想认识上得到了提高。

丰富活动形式，涵养初心使命

如果说课堂上的学习在成仿吾英才班四期学员们的心中播种下一颗颗朝气蓬勃的种子，为他们的成长成才筑牢了基础，引领了方向，那么学员们参与的丰富多彩的理论活动则是其成长成才路上重要的“催化剂”，在不断的历练中，他们心中的种子萌发、生长、开花，最后结出累累硕果。“导师经验分享活动”邀请了四期学员们的导师团、四位优秀青年教师和学员们分享读书经验心得，并畅谈自己的成长成才之路；“原著原典读书会”让四期学员们从不同角度分享了阅读心得，共同感悟共产党人矢志不渝的理想追求和爱国为民的家国情怀；“仿吾精神论文撰写活动”让学员们有机会尝试论文撰写，对前沿研究有了一定的认知，在小组导师的指导下，部分优秀学员的论文在《山东大学报》上发表，博得了老师同学们的一致好评；“‘建党百年 立校百廿’里的山大故事”系列视频录制活动引导学员们深入挖掘校史资源、积极传承红色基因，用山大先贤前辈的精神伟力激励当代山大青年学子建功立业新时代，其所制作的视频更是获得了教育部新闻办公室官方微信公众号“微言教育”和山东省教育厅官方微信公众号“山东教育发布”的转发报道。正是在这些丰富的理论实践活动中，学员们对革命先辈的峥嵘岁月有了更加深刻的理解，对自己所承担的责任也有了更加真切的认识。

强化名家引领,汲取精神力量

理论学习带给成仿吾英才班四期学员的绝不仅仅是知识,更重要的是,在理论学习的过程中,学员们衍生出一种向上的精神力量,指引自己在成长的路上大步向前。2020年9月20日,山东大学马克思主义学院特聘教授、博士生导师、山东大学政党研究所所长王韶兴教授号召仿吾班学子努力把所学知识内化于素养,外化于能力,永远都不放弃对真理的追求、对世界的探索,努力摆脱工具的束缚,做自己的主人,做时代的领导者。2020年11月19日,中国社会科学院近代史研究所党委书记、副所长金民卿教授为成仿吾英才班四期学员作了题为“青年蔡和森担当作为、勇于斗争的风范与启示”的主题报告,启示学员们在新时代坚定马克思主义的科学信仰,做勇于担当斗争的新时代弄潮儿;2020年12月27日,山东大学马克思主义学院教授、博士生导师徐艳玲教授结合现实要求,鼓励学员们积极参与国家政治生活,积极投身国家建设实践,争做走在时代前列的奋进者、开拓者,社会主义核心价值观的坚定信仰者、积极传播者和模范践行者。2021年3月28日,山东大学马克思主义学院教授、博士生导师蒯正明老师为四期学员带来了“学习党史需正确把握的若干问题”主题讲座,并号召学员们守初心、强担当,从党史学习中汲取不断前行的智慧和力量,由此揭开了仿吾班党史学习教育活动的序幕。

一年的理论学习为成仿吾英才班四期的学员们带来了满满的收获,让学员们从山东大学为国育贤的办学初心、从成仿吾等先贤严谨扎实的治学品格中汲取精神力量,逐步成长为优秀的青年马克思主义者。理论学习是一场终生修行,重在兴趣培养,贵在持之以恒。相信四期学员们一定会不断提升胸怀格局,正确认识时代赋予的历史使命,努力成长为政治坚定、素质全面、具有卓越领导力和高度社会责任感的青年骨干，争做新时代的奋斗者、追梦人，为夺取全面建设社会主义现代化国家新胜利贡献青春力量。

（文/孙一昊）

“小青马”们的理论学习一览

时光荏苒，沧海桑田。中国共产党从南湖红船昂首，又从星火燎原的壮阔中继续迈进，红色信仰在一代代革命前辈手中壮大。如今，在这崭新的时代，仿吾班的“小青马”们致力于追寻红色记忆、传承仿吾精神，在课堂理论教学中不断丰富经验，努力在新时代勇立潮头，践行青年使命。

2020 年 9 月 20 日上午，山东大学马克思主义学院特聘教授、博士生导师、山东大学政党研究所所长王韶兴教授应邀作开学第一课学术讲座。王韶兴教授首先从仿吾班的历史和定位出发，结合国家“三步走”战略，向与会学员介绍仿吾班创建的初衷：学校希望从全球化的视角出发，遵循“为天下储人材，为国家图富强”的办学宗旨，培养一批“面向未来、面向世界、面向现代化”的事业型领袖人才，为社会主义现代化强国建设作出贡献。王韶兴教授希望，通过未来一年理论和实践的学习，仿吾班学子能从不知到知，从知到知识，从知识到思想，从思想到智慧，通过智慧培养英才班少年需要具备的素质。仿吾班学子应努力把所学内化于素养，外化于能力，摆脱工具的束缚，做自己的主人，做时代的领导者。本次课程王韶兴教授从理论结构和历史发展两个维度，向与会学员介绍了马克思主义理论中国化的发展变革历程，同时强调要解放思想、实事求是，看待事情要全面，寻找在事物的发展变化中蕴含的规律性真理。最后，范益宁同学代表成仿吾英才班全体同学发言，其发言情深意切，朝气蓬勃，充分展现了仿吾班学子优良的精神风貌。

2020 年 10 月 18 日上午，山东大学马克思主义学院副院长，教授、博士生导师郑敬斌老师应邀为成仿吾英才班四期学员作学术讲座。郑敬斌教授以习近平总书记在思想政治理论课教师座谈会上的重要讲话精神为切入点，表示民族复兴是一场接力赛，每一代人有每一代人的际遇和使命，解决青年问题就是中华民族伟大复兴道路上的千秋伟业。改革开放四十多年来，中国社会环境发生了翻天覆地的变化，随之而变的是青年的价值观。基于这种认识，郑敬斌教授从经济体制转型、社会体制转型、政治体制转型、开放转型、虚拟化转型谈起，为同学们系统剖析了中国社会的发展脉络。随后，郑敬斌教授从正反两个方面辩证地分析了中国社会发展对青年价值观产生的深刻影响，指出新时代青年普遍具有十大特质并加以分析说明。郑敬斌教授勉励同学们争做新时代社会主义核心价值观的认同者和践行者，为实现中华民族伟大复兴贡献力量。最后，代鹏同学代表全体学员发言，表示作为仿吾班的一员，要积极适应现代社会的转型，承担民族复兴大任，为中华民族伟大复兴贡献青春力量。

2020 年 11 月 1 日上午，山东大学成仿吾英才班举办了仿吾班学业导师与仿吾班学员交流会暨仿吾班四期第一次读书会。本次活动由成仿吾英才班四期班主任李磊老师主持，邀请了山东大学马克思主义学院陈凤、董祥宾、王磊、汤莹四位优秀青年教师与同学们畅谈成长成才之路、分享读书经验心得。活动伊始，李磊老师代表成仿吾英才班对四位学业导师的到来表示热烈欢迎，并对四位老师的大致情况作了进一步的介绍。陈凤老师结合自己的专业学习，立足于所学习的“科学社会主义与国际共产主义运动”专业，与学员们分享了在专业学习过程中的心得体会，并用鲜活的语言生动地讲述了自己在学术研究之路上遇到的一些趣事，为同学们学习马克思主义理论提供了一些切实可行的指导和建议。董祥宾老师从修大德、读名典、研实学、强体魄四个方面与学员们作了分享和交流，同时寄语学员们：要打牢理论基础、夯实成长成才的根基；要内外兼顾、大胆取舍，选择读经典之书；要把学到的理论内化于心、外化于行，同时也要拥有强健的体魄，才能更好地投入到学习和工作中去。王磊老师的分享和交流主要有两个方面，首先，王老师提出了修德、惜时两个方面的期望；其次，为同学们就如何学习《毛泽东选集》(四卷)进行了导学。王老师从《毛泽东选集》创作的历史背景讲起，认为学好《毛泽东选集》的内容对同学们科学理解、深入掌握毛泽东思想具有重要意义，同时结合自己多年从事马克思主义理论学习和研究的经验，从《毛泽东选集》(四卷)中分别选取了几篇代表性的文章并进行了整体性解读，为同学们课后进一步学习提供了重要启发。汤莹老师结合当代大学生成长成才的实际和特点与学员们作了分享和交流。汤老师表示，在大学里要尽可能汲取多方面的知识，以多元化的心态了解知识的含义。此外，汤老师建议同学们在有机会和条件的前提下，在本科学习期间多学几种语言，因为每多掌握一种语言，就会多增加一种看待这个世界的视角。活动最后，四位学业导师与同学们以团队的形式进行了面对面的交流，并围绕仿吾精神论文的完善、“讲好山大故事”校庆献礼系列视频拍摄等事项作了进一步的探讨。本次活动干货满满，特色鲜明，既为学员们如何读好书、学好习提供了重要经验，也让同学们对人生和未来有了更多的规划与思考。

2020 年 11 月 15 日上午，山东大学马克思主义理论研究中心主任周向军教授、毛泽东思想生平研究会会员李毅远老师应邀作学术讲座。

李毅远老师首先从个人的亲身经历切入，深情讲述了他走上研究马克思主义中国化理论道路的缘由与历程，以及他对毛泽东思想的见解。随后，他指出《毛泽东选集》正如智慧的宝库，对个人发展及人生道路都有着深远的影响。最后，李老师对全体同学提出了殷切期望，希望大家在日后的学习工作中能够学好马哲、学好毛泽东思想、学好习近平新时代中国特色社会主义思想，走出一片广阔的天地。周向军老师从同学们期望对马克思主义中国化、时代化、大众化加以学习出发，以"走进马克思"为主题，讲述了毛泽东《实践论》《矛盾论》《论持久战》三本著作的实际意义，并以此为基础进一步阐释了学习马克思主义的原因。他强调，走进马克思主义，就是要走进读书室，扎根书本，用知识武装头脑；就是要走出读书室，走向社会，走遍世界，用实践检验真理。最后，林诗琦同学代表成仿吾英才班全体同学发言，表达了自己的所思所想，并对两位老师表示了由衷的敬佩与感激。

2020 年 11 月 19 日下午，山东大学马克思主义学院思政名师大讲堂第四期在知新楼思源报告厅开讲。主讲人金民卿为哲学博士、二级研究员，曾任中国社会科学院马克思主义研究院副院长，现为中国社会科学院近代史研究所党委书记、副所长，在《人民日报》《光明日报》等报刊累计发表论文 200 多篇。金民卿教授从理论发展的最前沿讲起，并着重讲解了习近平新时代中国特色社会主义思想中的"斗争部分"，即"当今世界正处于百年未有之大变局"，"这是一个船到中流浪更急、人到半山路更陡的时候，是一个愈进愈难、愈进愈险而又不进则退、非进不可的时候"，因此，我们必须"进行坚决斗争，而且必须取得胜利"。随后，金教授以习近平总书记"四个伟大"治国理政方针理论为中心，阐释了历史与当代的融合贯通，进而引出了本次讲堂的"核心人物"——蔡和森。"担当与斗争"，是蔡和森一生的代名词。蔡和森始终践行自己的信仰，将国家的利益放在第一位，以改造中国为己任，从不计较个人利益得失，任劳任怨，勇于斗争，坚持自己的理想和原则，对中国共产党的建立及发展起了重要的推动作用。最后，金教授指出，担当斗争精神对当代青年成长成才有着很多重要的启示，当代青年只有坚定马克思主义科学信仰，坚持共产主义理想信念，勇于担当斗争才能实现中华民族伟大复兴。

2020年12月13日上午，山东大学齐鲁医院重症医学科副主任医师郭海鹏应邀作专题讲座。郭海鹏医生是哈佛大学博士后，泰山学者青年专家，山东大学齐鲁医院杰出青年人才，中华医学会重症医学青年研究奖获得者，山东省第五批援鄂医疗队队员，医学世家五代传承。郭海鹏以随齐鲁医院援鄂医疗队抗疫出征的个人经历为切入点，开启了此次授课讲座，并与大家具体分享了《国家援鄂医疗队武汉方言实用手册》的编写过程，令人如沐春风、深受感动。郭海鹏讲道，习近平总书记提到“一定要把人民群众生命安全和身体健康放在第一位”，援鄂期间齐鲁医院医疗队和其他同行以身体力行的担当精神，将个人的生命安全置之度外，践行着大医仁爱的无私奉献。接下来，郭海鹏医生向我们介绍了齐鲁医院作为国家援鄂医疗队，严格执行国家标准，并带领制定护理手册、诊疗标准等临床诊治规范。“愿以吾辈之青春，护卫这盛世之中华。”郭海鹏从共产党员的政治觉悟、责任担当、党性修养以及党员医护人员的天使情怀四部分为同学们进行讲解，而在人文关怀层面，郭老师则强调了换位思考的重要性。讲座结束后，针对同学们的提问，郭老师进行了详细的解答与交流，朱展鹏同学代表成仿吾英才班全体同学发言，分享了自己的思考与感悟，并对郭老师表达了由衷的敬佩与感谢。

2020年12月27日，山东大学马克思主义学院教授、博士生导师徐艳玲老师应邀在腾讯会议上作题为“擘画中国蓝图，点亮中国未来——十九届五中全会新意解析”的专题讲座。讲座伊始，徐老师从总体上阐释了党的十九届五中全会精神，并以“一张蓝图绘到底”为切入点介绍了党的十九届五中全会的重点：吸纳专家意见，尊重基层意愿，回应社会期盼。接着，徐老师依照全会精神深入剖析了国家特色的民主政治的样本，并指出制定“十四五”规划所面临的特殊历史背景。在解释了全会的指导思想、遵循的原则、“五个坚持”以及主要目标后，徐老师又分别从经济、科技创新、产业发展、国内市场、深化改革、乡村振兴、区域发展等方面展开具体的讲述，并述及全会所涉及的民主政治建设、两岸关系、本省本地区规划等重大问题。最后，徐老师结合现实要求鼓励同学们积极投身国家建设实践，积极参与国家政治生活，做一名合格的后来人。

从小小红船到巍巍巨轮，中国共产党书写了世界历史上最励志的创业故事，也为仿吾班的“小青马”们做出了思想引领的榜样。“喜看稻菽千重浪，遍地英雄下夕烟”，乱云飞渡的时代，呼唤“小青马”们追寻红色记忆，传承仿吾精神，砥砺前行，在课堂教育中丰富理论，在社会实践中锻炼成长。

2021 年 3 月 28 日下午，马克思主义学院教授、博士生导师蒯正明老师应邀到仿吾班作了开展党史学习教育的专题辅导讲座。首先，蒯老师讲述了认识中国共产党成立的历史必然性。他强调，革命的发生有一定的主客观条件，我们党领导的新民主主义革命的发生有其历史必然性。中国革命是中国实现现代化的重要前提条件，是中国现代化的内在要求和组成部分，这也是社会历史发展的基本逻辑。其次，蒯老师向同学们介绍了党的历史和中华民族伟大复兴的内在联系。他指出，一方面，没有共产党就没有新中国；另一方面，没有共产党就没有社会主义现代化的巨大成就。最后，蒯老师阐释了学习革命精神、传承红色基因的重要性。新时代的青年马克思主义者要发扬乐于吃苦、不畏艰难的革命乐观主义精神，要坚定理想信念，厚植家国情怀，要站稳人民立场,以为人民谋福祉为己任。蒯老师授课结束后,学员代表邵点谈了个人学习后的心得体会。本次讲座拉开了仿吾班党史学习教育活动的帷幕,通过守初心、强担当,知史爱党,知史爱国,仿吾班“小青马”们将心怀理想、不忘初心,从历史中汲取不断前行的智慧和力量。

2021年4月24日下午,成仿吾英才班团支部同马克思主义理论2020级本科团支部在仿吾学堂开展党史联学活动暨“传承红色基因·彰显青马担当”主题团日活动。在第一个环节,马克思主义理论2020级“星海”团小组和大学生艺术团同学合作带来了一场“红歌背后的红色故事”的主题宣讲,他们选取了四首歌曲《国民革命歌》《渡金沙江胜利歌》《跟着共产党走》《歌唱沂蒙大捷》,从歌曲的创作背景切入,通过深入浅出的叙述、娓娓道来的故事,同时附以大学生艺术团成员的深情领唱,让人仿佛穿越历史、回到烽火连天的革命战争年代,切身体会到了“红歌背后的红色故事”。在第二个环节,仿吾班团员代表与马克思主义理论2020级本科团员代表围绕“学百年党史担青春使命”开展了座谈交流。马克思主义理论2020级团支部的3名团员代表作了重点发言。随后,仿吾班四期的三名团员代表进行了交流分享。刘慧杰同学围绕“以史铸魂,以史为鉴,以史明理”三个方面分享了自己的学习心得。王彦滔同学从四个部分带领同学们回望了共产党的百年沧桑巨变,同时与同学们分享了自己的收获。高李泊廷同学以“汲取百年党史,汲取青春力量”为题,围绕“星火燎原,书写时代答卷;开天辟地,奋斗是青春的底色;专业敢于争先,与祖国共画同心圆”分享了自己的心得体悟。碰撞思维火花,闪现理性之光,在座谈交流活动中,仿吾班学员代表与马克思主义理论2020级本科生代表一同交流学习心得体会,相互启发,共同进步,有助于激励青年马克思主义者更好地担负起时代赋予的重任。

一场场名师讲座、一系列名家讲坛,成仿吾英才班四期的“小青马”

们进一步坚定了理想信念，明确了人生目标。通过一年的学习，更感重任在肩，仿吾班"小青马"必将高举习近平新时代中国特色社会主义思想的旗帜，追寻生命的意义与价值，义无反顾地投身于社会主义现代化强国建设。

（文/乔松源　王雅祺　杨智豪　杜若飞）

读书会：爱读　读好　善读　会用

在仿吾班的理论学习活动中，"以书为友，感受历史脉搏"是重要一环。2020 年 11 月 1 日上午，我们举办了仿吾班四期的第一次读书会。本次活动邀请了山东大学马克思主义学院陈凤、董祥宾、王磊、汤莹四位优秀青年教师与我们一道畅谈成长成才之路、分享读书经验心得。其中董祥宾老师从修大德、读名典、研实学、强体魄等四个方面与我们作了分享与交流，让人印象深刻。他说道："读书学习不是空话，关键是要付诸实践；要内外兼顾、大胆取舍，选择读经典之书；要把学习到的理论内化于心、外化于行，学习的东西要落地、要运用。"此外，王磊老师为同学们如何学习《毛泽东选集》（四卷）作了一次导学。王老师从《毛泽东选集》创作的历史背景讲起，认为学好《毛泽东选集》的内容对同学们科学理解、深入掌握毛泽东思想具有重要意义。针对《毛泽东选集》内容多、信息量大的特点，王老师结合自己多年从事马克思主义理论学习和研究的经验，从《毛泽东选集》（四卷）中分别选取了几篇代表性的文章作了整体性的解读，为我们在课下进一步学习这些篇目提供了有益指导、重要启发。

在11月15日的理论课上，毛泽东思想生平研究会会员李毅远老师也向我们讲述了研究《毛泽东选集》对他个人发展及人生道路的影响。李老师讲述了自己从毛泽东思想的群众路线中获得启发，将造纸厂扭亏为盈的故事。

正如各位老师所推荐的那样，《毛泽东选集》等经典著作不愧是智慧的宝库。学习它们，可从中不断汲取人生智慧、拓宽人生道路、提高人生境界。读书是认识和把握世界的一种重要方式，也是我们认识和把握世界需要经常进行的一种重要活动。而从喜爱读书到最后善于用书这个过程则需要我们不断琢磨与推敲。

一是喜爱读书，这是一种发自内心的情感和冲动，懂得读书的价值与意义，是"我要读"的一种自觉。在"爱读书"问题上，习近平总书记曾多次提及，我们需要充分理解和把握读书的价值和意义，因为读书是文明传承之途、政党巩固之基、国家兴盛之要、社会进步之力、水平提升之路、人生成长之梯，更是我们青年成才之要。

二是读好的书。在读书过程中，积累一些读书的体会和经验，并上升为一种读书认知，这对提升自己的认知、能力、水平、境界、格局大有裨益，也是对"我知道读什么书"这一问题的一个理性回答。而仿吾班在开班仪式上为我们四期的每位"小青马"都赠送了书籍，包括《资本论》《毛泽东选集》《习近平谈治国理政》等经典的马克思主义著作，有助于我们学习马克思主义哲学与中国特色社会主义理论体系。

三是擅长读书。也就是形成一套读书的经验与方法。擅长读书，是一种我知道"怎么读"的"高峰体验"。在这个问题上，习近平总书记特别强调，读书要具有"三劲"——"挤劲""钻劲""韧劲"。小青马们来自全校各个专业，每门学科都有自己独有的学习方法，怎么形成一套行之有效的读书方法，对我们大家都是不小的考验。

四是善于用书。认识世界的目的在于改造世界。读书学习的目的在于运用，引导自己的实际活动，帮助自己分析解决所面临的问题。既会读书，又善于把读书与实际活动结合起来，达到读书与实际活动的互动，这实际上是读书的一种延续。这是一种对“读在于用”的理性自觉与实践自觉。

我想，读书会等理论学习活动带给我们的不仅仅是几本好书的推荐，更是对“爱读—读好—喜读—会用”这一正确的读书观的养成与运用。想必每一位“小青马”都从中收获良多。

（文/殷晨浠）

第二话|寻仿吾精神，觅先辈初心

【编者按】 成仿吾先生在1958～1974年任山东大学校长兼党委书记，为学校建设作出了卓越贡献。而仿吾精神是成仿吾先生在艰苦卓绝的革命斗争实践中磨砺形成的一笔宝贵精神财富，具有鲜明的时代价值，至今仍然熠熠生辉，不但一直指引着山东大学的办学宗旨与治学校风，更为代代“小青马”们牢记于心，立志将其传承发扬。为此，深入挖掘提炼仿吾精神的时代内涵、着力探讨发掘仿吾精神的传承路径，是每一名仿吾班“小青马”“功成不必在我，功成必定有我”的光荣使命。本部分着重分析仿吾精神中“抡板斧”的批判精神、“钉钉子”的奉献精神和“足热情”的奋斗精神的科学内涵，从新时代社会主义建设、教育事业发展和青年成长成才等方面思考仿吾精神的时代价值，并探讨新时代背景下仿吾精神的不同传承路径。

先生之风，山高水长。作为新时代的山大学子，我们要将仿吾精神内化于心，外化于行，争做仿吾精神的继承者、弘扬者和践行者，涵养山大精神、传承山大基因、弘扬山大文化，在民族复兴的大舞台上绽放最美的青春！而立足新时代，我们需要积极学习仿吾精神，追寻其时代价值，为奋进新时代凝聚磅礴的精神力量。正如有的同学所写："坚守真理，深扎信念之根，让仿吾精神永续传承，让信仰之火熊熊燃烧！在当今时代，具有爱国、坚韧、朴实、顽强等丰富内涵的仿吾精神必定历久弥新，给越来越多的人以指引，我们相信也会有越来越多的人以仿吾精神为导向，成为有理想、有本领、有担当的以民族复兴为己任、共创光明未来的时代新人！"

春风化雨　润物无声
——仿吾精神永驻山大

成仿吾是我国无产阶级革命家、忠诚的共产主义战士、新文化运动的重要代表、党内著名的文学家、教育家和社会科学家,曾于1958～1974年任山东大学校长兼党委书记,长期致力于山东大学的教育发展,在此过程中,他的治学观念春风化雨、润物无声般地融入山东大学的每一个角落。

1962年,成仿吾为山东大学写下了一首校歌。这首寄托着仿吾精神、由著名作曲家郑律成谱曲的校歌,是山东大学第一支校歌,也是今天山东大学的校歌,被一代代山大人传唱。仿吾精神,也潜移默化地引导着山东大学,被一代代山大人传承,发挥着深远持久的影响力。

坚定马克思主义精神与革命意志

1969年的一天,成仿吾在山东大学院内小树林中的露天场地上阐发了毛泽东同志对陕北公学的题词:我们听毛主席的话,就应成为这样的人。山东大学的学子们对成仿吾的讲话报以热烈的掌声。

2017年7月7日,山东大学成仿吾英才班在济南开班,目的就是让“小青马”们通过制度化培养,更快更好地成长为青年马克思主义者,让美好的个人梦想与伟大的中国梦同频共振。

贯彻落实党的教育事业方针，重视高校学生思想政治教育

成仿吾担任山东大学校长期间在具体教学实践中强调山大应加强党的领导，继续坚持以往的教研室建设，推进学校思想政治理论教育发展。

山东大学继承成仿吾的办学思想，将思想政治课堂与思想政治工作互融互通。2001 年，山东大学进行了通识教育改革，并在通识教育核心课程总数达到 218 门的基础上，坚持把课堂教学作为思想政治工作的主渠道。

培育和树立良好的校风

成仿吾在山东大学 16 年，留下了许多好的办学思想和工作作风。成仿吾在处世方面堪称为人师表，他严谨治学、踏实勤干的品质与山东大学“学无止境，气有浩然”的校训有着内在同一性。

时至今日，我们依然可以在山东大学的校风中，在山大学子的身上，感受到成仿吾的品格和气度，感受到成仿吾的勤勉敦厚、严谨治学、对理想信念的坚守、对真理的孜孜探索。

1983 年 9 月，成仿吾重返山东大学看望师生，同山东大学一百多名教师、干部代表进行了会谈。他希望山东大学越办越好，为培养新一代作出更大的贡献，并为学校题词：“继续前进，努力不懈。”他还以泰山打比方，鼓励大家：“泰山是高大的，我们的学校也要像泰山那样高大。希望山东大学的同志们向着这个大目标前进。”

先生之风，山高水长。仿吾精神将一直指引山东大学的办学宗旨与治学校风，为代代山大学子所传承与发扬。

（文/范益宁）

思想之渠不涸，真理之旗永扬
——仿吾精神的传承路径初探

会五国语言，他渴望用文字唤醒思想麻痹的人们；提起一杆枪，他踏上无产阶级革命道路；革命胜利后，他走上漫漫教学征途。他就是我国著名的无产阶级文学家、革命家和教育家——成仿吾先生。

成仿吾先生一生都在追求真理，牢筑信仰之魂，深扎信念之根，从理论到实践，成仿吾先生一直在矢志不渝地探寻，他的思想与理念也跟随他的脚步传播到全国各地。成仿吾先生所追寻的真理放之于今天仍具有重大的现实意义，学习成仿吾先生的精神，倾听来自近百年前革命建设时代的铿锵回音，用更符合时代发展的路径传承仿吾精神，如此才能更好地为国家和人民服务。

新时代，新背景，新形势，不同环境决定传承路径的不同。

在今天的高校教育中，习近平总书记提到："培养德智体美劳全面发展的社会主义建设者和接班人。"成仿吾先生是伟大的教育家，在多所大学留下星火，在马克思主义教育领域颇有建树。在学校层面，传承仿吾精神需立足于理论教育，因此可以通过图书出版、知识讲座、学术论坛等方式进行精神的传承。其实早在20世纪，由王震同志作序，中国人民大学、东北师范大学和山东大学编选，教育科学出版社出版的《成仿吾教育文选》就在教育界引起积极反响。山东大学多年来重视传统，在全校内重视马克思主义的理论学习，多年来一直对马克思主义理论学科进行顶层设计，并不断创新教育教学方式，成功使成仿吾奠基的学科教育事业在新时期得到新发展。

在社会层面，可选取人民大众喜闻乐见的方式，打造仿吾精神输出的场所与平台，向社会大众进行知识普及与传播。东北师范大学曾开办仿吾书店，书店设计简约，有成仿吾校长一生的事迹介绍。书店兼顾社会效益和经济效益，是对仿吾精神进行社会传播的有益尝试。在中国全面融入世界的今天，仿吾精神也要面向世界，面向未来，与时俱进。崇高的精神不能仅停留在纸面上，更需要与实践相结合，这也是成仿吾校长一生所推崇的，我们可以通过书店打造、宣讲会、仿吾精神进社区等系列实践活动，将仿吾精神转化为砥砺前行的动力，利用仿吾精神构建具有中国特色、中国价值、中国气派的中国故事，深入挖掘内涵，让仿吾精神在今天熠熠生辉。

一身奔向真理是成仿吾先生一生的人格操守，全力投身教育事业是成仿吾先生给后世留下的星火。从旧时光到新时代，从动荡到安稳，仿吾精神永远灼热；从学生到各界人士，从学校到社会，仿吾精神永远薪火相传！

（文/毕欣雨）

让信仰之火熊熊不息
——仿吾精神的传承路径探索

成仿吾说:“良心不死,终当可敬;士气不衰,总有可为。我们要存此心,为正义和真理而战。”仿吾精神是成仿吾先生在艰苦卓绝的革命斗争实践中磨砺形成的一笔宝贵精神财富,具有鲜明的时代价值。为此,深入挖掘提炼仿吾精神的时代内涵、着力探讨发掘仿吾精神的传承路径,是每一名仿吾班“小青马”“功成不必在我,功成必定有我”的光荣使命。本文将主要探讨仿吾精神从理论到实践、纸媒到新媒体的传播路径,即对于新时代多样化传播工具作一简单探讨。

1.充分发挥理论学习与实践感悟相结合的知行合一路径

高校可以构建仿吾精神专题学习活动课程,深入开展主题讲座,特别是在成仿吾先生曾经任教的学校,更要鼓励学生学习校史,增强认识。还要鼓励学生在广播、报纸、官网上积极投稿,刊登成仿吾先生的代表作品、事迹、名言;鼓励大家开展实践活动,参观相关纪念馆、教育基地等,让其在实地考察调研中增强认识。

2.充分发挥纸媒到新媒体传播的重要路径

创新形式,进行知识普及。不断发展的新媒体技术,为仿吾精神的传承提供了新的渠道和平台。早在20世纪80~90年代,《成仿吾诗选》《成仿吾教育实践与教育思想》《成仿吾年谱》等便已陆续出版,人们开始走近学习这位伟大的文学家、革命家、教育家。近些年,越来越多革命战士的精神受到社会的关注与重视,人们也利用新媒体这一更新颖的手段与形式去传承老一辈的宝贵精神。有别于报刊、书籍等传统纸媒传播方式，新媒体利用数字技术、网络技术，通过计算机、手机等终端向用户传播信息，如今已经达到崭新的高度。因而，利用新媒体和新技术，将仿吾精神融入短视频、微电影、纪录片中不失为能够吸引社会大众的方式。另外，我们可以打造建立仿吾精神资源网站及微信公众号、微博平台，通过丰富多彩的形式，发挥主流媒体引导作用和自媒体的宣传作用，激发更多人学习仿吾精神的热情，走近成仿吾先生，使其在网络宣传中真心受到熏陶和教育，感受仿吾精神的魅力，让仿吾精神的内涵和价值成为衡量爱国者的一个标准。同时，还可以利用便捷的互联网云视讯平台，邀请高校教师面向社会开展线上讲座，利用高校资源向社会普及仿吾精神。

在当今时代，我们有理由相信，具有爱国、坚韧、朴实、顽强等丰富内涵的仿吾精神必定会给越来越多的人以指引，引导他们坚守真理，深扎信念之根，成长为有理想、有本领、有担当的以民族复兴为己任的时代新人。

（文/乔松源）

走进那片花园
——仿吾精神的时代价值

站在历史的路口回望，有些人的身影，虽历经沧海桑田却依然清晰。这其中就包括忠诚的共产主义战士成仿吾先生。成仿吾先生在革命道路上跋涉数十年,留下了无数精神财富。仿吾精神就是一片结满精神果实的花园,等待着我们去探索发现。

勇于坚守真理的精神,焕发时代光辉。“文化大革命”期间,成仿吾遭到迫害,但是他并未因此而放弃追求革命真理。他撰写《长征回忆录》,再现了长征中那些悲壮惨烈、激动人心的战斗场面,为研究长征精神留下了珍贵的党史资料。穷且益坚,不坠青云之志。坚守真理,是成仿吾坚定革命意志的重要方式,也是他一辈子的人格操守。如今,我们处在一个前所未有的信息大爆炸时代,能否坚定思想方向,树立底线思维,是我们青年面临的巨大考验。成仿吾先生坚守真理的精神提醒我们,要始终坚定正确的思想方向,勇攀真理的阶梯。

倾注大半生心血的教育精神,散发时代魅力。成仿吾先生对学生如子女一般,与他们生活在一起,一起劳动、一起住窑洞。为此,他获得了“妈妈校长”的美誉。“教育,意味着一棵树摇动另一棵树,一朵云推动另一朵云,一个灵魂唤醒另一个灵魂。”在学生心中,成仿吾先生是思想道路上的引路人和指明灯。他不仅传道授业,更是用心塑造学生的灵魂。成仿吾先生的教育观不禁让我们反思现代教育中的一些问题。即使是素质教育大力推行的今天,过度追求分数的畸形教育理念仍大有市场。这种不科学的教育观念已然束缚住了教育的灵魂,导致很难培养出人格健全的优秀青年。改革路在何方?成仿吾先生的教育精神,无疑为我们指明了方向。

当前,仿吾精神仍然有待我们去寻觅和发掘。走进那片花园,我们看到的不仅是丰硕的果实,还有熠熠生辉的时代光芒。

(文/林诗琦)

掬一捧星光，照亮当世之路
——仿吾精神的时代价值

成仿吾先生是我国无产阶级革命家、文学家、教育家，他在多年的实践探索中为后世留下了宝贵的精神财富。时至今日，这些财富仍散发着时代光芒，对新时代的建设发展具有理论和现实意义。

一、为新时代社会主义建设提供力量源泉

成仿吾先生一生求索，为党的建设奉献一生，敦厚正派，不贪图名利，展现了一个共产主义战士的博大胸襟。比如，自己的许多学生官职在他之上，但他却并没有任何不满，而是依然坚持在教育一线为祖国培养人才。他曾说：“良心不死，终当可敬；士气不衰，总有可为。我们要存此心，为正义和真理而战。”他这种孜孜不倦追求真理、坚守信仰奉献一生的精神为新时代社会主义建设提供了永不枯竭的力量源泉。

二、为教育事业发展提供行动指针

在教育事业中，为了探索适应中国社会的教育方法，成仿吾先生将马克思主义原理运用于办学实践中，针对所处的不同时代调整培养目标和办学方式，切实将理论与实践相结合。特别是新中国成立后，他结合国情，借鉴苏联经验，发展出中国特色的社会主义教育模式，为新中

国建设培养了诸多优秀人才。

反观我国当下的教育事业，由于受到了不良社会风气的影响，开始变得急功近利。一些学校不遵循教育发展的自身规律，过于看重分数，漠视德育，培养出为数不少的精致利己主义者；一些学校则以成果多寡论英雄，催生了论文造假、学术腐败等乱象。成仿吾先生这种孜孜不倦的教育探索精神和实事求是精神，无疑为当前教育事业的发展提供了行动指南。

成仿吾先生提出师生平等关系建设，将思政教育内容归纳为马列主义思想与政治教育、形势与政策教育、共产主义道德教育以及日常生活中的思想教育四个方面，与当今国家提出的三全育人要求相契合，具有实践和理论双重指导意义。成仿吾先生在办学中提出的重视思政课教育、推进思政课教师队伍建设、将思政课与业务教学、社会实践相结合等理论，对当今高校推进思政课教育创新化、常态化具有指导意义。

三、为新时代青年成长成才提供强劲动力

现代生活节奏加快，社会日益浮躁，精致的利己主义、功利化导向愈发明显。在这样的背景下，年轻一代唯有坚定崇高的理想信念，才能够在面对纷繁的利益时不改初心。

成仿吾先生一生追求真理，上下求索，为了自己信仰的马克思主义奔赴国外学习，自学语言以阅读专著，甚至在长征途中仍携带马列经典书籍阅读。他为国家发展奋斗终生的奉献精神、探索精神，为新时代青年承担新使命、新担当提供了源源不断的强劲动力。

时代在不断地发展，但仿吾精神纵跨数十年在当今依旧闪耀光芒，其精神内核在社会主义社会任何阶段都值得学习和弘扬。

（文/赵颖颖）

象牙塔中的思政之光
——浅谈成仿吾思政教育理念

山东大学成仿吾英才班成立四年来,"小青马"们一个个穿梭的背影、一篇篇激昂青春的文字,无不跨越时间与历史,洗净岁月铅华、追溯那一伟岸的背影——成仿吾。

先生已去,然先生之风、山高水长,后人仍将于后知后觉中感悟与领略。在凭借文字和珍贵的影像资料窥见这一位伟人的伟大一生后,我为之深深震撼,后知后觉中不免真心希冀其理想与精神不朽!依我浅见,成仿吾老先生一生君子作为,可为当代山东大学执牛耳者所借鉴和学习。

成仿吾校长为高校思想政治教育工作作出了卓越贡献。遥想当年,成仿吾校长上任伊始,便十分重视政治理论的学习教育。面对20世纪60年代初期复杂的国内外形势,他及时给师生作专题报告,帮助师生认清方向,明确前途。成仿吾校长曾说:"加强青年学生的共产主义品德教育是社会主义大学的一个伟大使命。"如此举措,使得即使在国民经济困难时期山大人仍保持着振奋向上的积极的精神状态。

目光转向今天,思想政治教育仍然是高校教育的重中之重。尽管经过几十年的接力奋斗,中国已然迈入世界强国之列,国泰民安,但我们仍需看到我国面临的潜在危机,一方面,国外,西方大国势必要对崛起的中国进行"排异化"的阻碍和封杀;另一方面,国内部分青年受不良文化和风气侵染而鬼迷心窍、丧失正义的信仰和追求……凡此种种,都使对青年一代进行正确的思想政治教育变得十分重要。正确的思想政治教育,能让青年一代具有较强的政治觉悟和家国天下观,能使其在面对诱惑和利益时保持正确的判断能力和意志力,从而做好维护家国安全的各项工作。

当然,加强思想政治教育并非将学术政治化,在这一方面,成仿吾校长也为我们留下了丰富的思想遗产,便是"大学要以学生为中心,学生要以学业为重心"的思想论述。

成仿吾来到学校时,山大校内人的思想不稳定,使得包括教师在内的众多知识分子无所适从。面对这一状况,成校长果断调整,他提名冯沅君任副校长,重用学术人才。一时间,校内学术氛围浓厚,山东大学因此迎来了发展的新的春天。

1983年,成仿吾老校长重返山大看望师生,他以泰山打比方,鼓励大家:"泰山是高大的,我们的学校也要像泰山那样高大。希望山东大学的同志们向着这个大目标前进。"先生已去,但给我们留下了一个伟岸如泰山般的背影!

(文/周冠辰)

透过历史解读仿吾精神

成仿吾先生是我国无产阶级革命家、忠诚的共产主义战士、新文化运动的重要代表、无产阶级教育家和社会科学家、文学家、翻译家。成仿吾先生先后在中国人民大学、山东大学、东北师范大学等高校任领导职务，在革命、建设、改革时期为我国教育事业的发展作出了重要贡献，并为我们留下了宝贵的精神财富——仿吾精神。他是我国知识分子的榜样，也是山大人永远的骄傲。

仿吾精神是"抡板斧"的批判精神。成老为人真挚热忱，心直口直，敢于批评，对问题"较真"的那股劲儿是他闪耀的名片。青年成仿吾曾与鲁迅、胡适等"大人物"有过数次论战，在文学、翻译等领域"挥了几板斧"，他也因此得了个"黑旋风"的绰号。成老是当时学界的一股清流，尽管他有些观点并不被大家认可，但他直面问题、敢于批判的精神是令人钦佩的。当时，梁实秋鼓励他说："在现在国内这种乌烟瘴气的文艺界里，只有你一个李逵，我还嫌少呢！"

仿吾精神是"钉钉子"的奉献精神。成仿吾的一生是坚守初心的一生，更是为国奉献的一生。他在目睹了旧中国的贫穷落后、黑暗腐朽后，坚定了从事革命工作、为共产主义理想而奋斗的信念。1934 年，成仿吾到瑞金中央党校任教，从那时起，致力于党的教育事业成了他一生的追求。他是我国教育事业的一颗螺丝钉，一生矢志不渝地坚守党的教育阵地，鞠躬尽瘁，为党和国家培养了大量宝贵人才。从延安"七大"毛泽东主席的问询，到石家庄郭沫若先生的发问，成仿吾对自己在新中国成立后选择工作的答案始终如一：当然还是搞教育！在山东大学工作期间，成仿吾深入宿舍、食堂，甚至连灯泡亮度问题都亲自过问，这种事无巨细、尽心尽责的态度体现的就是他坚守党的教育事业的初心与追求。

仿吾精神是"足热情"的奋斗精神。奋斗是人生最亮丽的底色，成仿吾身体力行，为人表率。延安时期，在缺校舍、缺物资、缺师资的情况下，他带领一帮人自建校舍、自修操场，创办学校；为适应抗战形势发展，他带领新成立的华北联合大学千余名师生，转战三千里，"背起背包行军，放下背包上课"。新中国成立后，成仿吾把战争时期艰苦奋斗的作风带到了教育工作中,他勉励学生保持勤奋向上的奋斗热情,不因困难而动摇。耄耋之年,他以诗言志:“老夫贡献虽惭少,敢与中青迈步齐。”从战争到和平,成老不惧艰辛,用一生的实际行动诠释着热情十足的奋斗精神,如今的我们又有何理由不矢志奋斗呢?

成仿吾先生是当代青年学习的榜样。我们青年一代需要有择一事终一生,投身事业、为国奉献的精神,需要有求真务实、敢闯敢干的精神,需要有不惧艰难困苦、矢志奋斗的精神。“道虽迩,不行不至;事虽小,不为不成。”作为新时代的山大学子,我们要将仿吾精神内化于心,外化于行,争做仿吾精神的继承者、弘扬者和践行者,涵养山大精神、传承山大基因、弘扬山大文化,在民族复兴的大舞台上绽放最美的青春风采!

(文/郭力源)

第三话｜回望党史峥嵘岁月，学史力行栉风沐雨

【编者按】 今年是中国共产党成立100周年。2021年2月20日，习近平总书记在党史学习教育动员大会上强调，回望过往的奋斗路，眺望前方的奋进路，必须把党的历史学习好、总结好，把党的成功经验传承好、发扬好。仿吾班“小青马”积极开展党史学习，努力做到学史明理、学史增信、学史崇德、学史力行，做到学党史、悟思想、办实事、开新局。在山东大学马克思主义学院举办的“学史鉴今守初心，读史明理担使命”党史学习心得征文比赛中，仿吾班以较高的理论水平和行文风采，斩获颇丰，共获得特等奖一名、二等奖四名、三等奖两名。以下为其中的部分优秀文章。

他　们

嘉兴南湖，蒙蒙细雨，我看见了他们。

安静的湖面上，画舫缓缓划行。中舱里面，声音此起彼伏。清秀的学生言辞激昂，忠厚的长者面露沉思。我听见他们说，我们的党是一个新型的以共产主义为目的的无产阶级革命政党，我们是要组织起工人、农民和士兵，一直斗争到底，消灭社会阶级区分。一大聚首，开天辟地，这其间有新思想的碰撞与交锋，亦有宣誓时的庄严与凝重。感慨万千，我轻轻地翻过这一页。

南昌城头，夜色正深，我看见了他们。

三声枪响，骤然划破深夜的宁静。我听见他们嘶吼着“河山统一”，我看见他们手臂上缠绕的白毛巾。红色的旗帜、红色的灯光，汇成了一片红色的海洋。炮声轰隆，我看见他们振臂一呼，英勇无畏地冲在最前面，人民军队由此诞生。石破天惊，我轻轻地翻过这一页。

井冈山上，崇山峻岭，我看见了他们。

打土豪分田地，我听见他们痛斥封建的剥削制度，我还看见无地少地的贫苦农民紧紧攥住他们的手，脸上尽是欣喜。油灯下，他们认真探讨红色政权存在的可能；长桌旁，他们对革命根据地的存续发表独到的见解。恍惚间，我仿佛看见红色的种子洒满世间。星火燎原，我轻轻地翻过这一页。

雪山草地，寒风刺骨，我看见了他们。

五岭湘江，我看见他们艰难地走在茫茫无际的草地中，那酷暑严寒、饥饿干渴在他们的身上划下一道道印记，我也看见他们中的许多人永远倒在了路上。大渡河畔，泸定桥旁，万丈深渊于身下，我看见他们迎着猛烈的机枪扫射奋不顾身地向前冲去。前有敌军，后有追兵，他们辗转两万五千里，战天斗地，无惧无畏，乐观向上。深受触动，我轻轻地翻过了这一页。

渣滓洞里，阴暗可怖，我看见了他们。

冰冷的水泥地面上，躯体血肉模糊。我看见沉重的铁镣、鲜红的血水，还有他们紧咬的嘴唇。这是胜利前光明与黑暗的交织，这也是血泪铸成的英雄史诗。我听见他们吟唱起了《囚歌》："我只期待着……我应该在烈火与热血中得到永生！"我看见他们小心翼翼、千方百计地绣出一面鲜艳的红旗。他们为了心中的信仰，与黑暗势力誓死斗争，期待着黎明的到来。眼含热泪，我轻轻地翻过了这一页。

天安门前，万众欢腾，我看见了他们。

开国大典，我感受到他们努力克制的激动，我看见鲜艳的五星红旗冉冉升起，我听见礼炮震耳的轰鸣。为了这一天的来临，他们付出了太多的努力与艰辛；而为了捍卫这一切，他们一直作好随时牺牲的准备。从革命任务过渡到新国家的建设，我仍能看见他们眼里的坚定与热爱、骄傲和自豪。面带微笑，我轻轻地翻过了这一页。

……

愿拼热血卫吾华。

我一页一页地翻阅这厚重的党史，他们的身影或喜或悲，我思绪万千。

他们是谁？是那千千万万普通但又伟大的共产党员。他们战胜了多少苦难才为我们赢来如今的繁荣自强呵！我们回望过去的足迹，远眺未来的道路，需要做的也许不仅是铭记，更重要的是从他们身上汲取强大的精神力量，不忘初心，砥砺前行。

（文/殷晨浠）

重温党史理脉络，增信笃行再出发

“以史为鉴，可以知兴替。”中华民族有着浓厚的历史情结和历史意识，不仅创造了多种史书体例，集成了丰富的史料资源，而且善于总结历史规律，形成了反思历史的文化传统。中国共产党是中国工人阶级的先锋队，是中国人民和中华民族的先锋队，为了求得民族独立和人民解放，实现国家的繁荣富强和人民的共同富裕，一路砥砺前行，已走过100个春秋。中共党史作为一部意义非凡的专史，既是我国历史重要的组成部分，又是解读这一百年来国家发展历程的核心。阅读党史的过程仿佛为我打开了一扇窗，不仅拨开云雾，让我顺着历史脉络望见过去，更放入光亮照进现在，帮助我洞见未来，以更坚定的步伐走向明天。

读党史，是看见过去。五四运动的呼号声似在耳边，那艘游船，那次会议，那些喧嚣后被平息的战火，那些以血泪为代价的改革创新，仿佛也离我越来越近。在中国共产党成立之初，神州大地千疮百孔，满目疮痍，饿殍遍地，内有军阀连连混战，外有帝国主义炮火轰打。1921年，一心想要解民众于倒悬的有识之士，我们伟大的革命先烈，冲破层层桎梏，创立了中国共产党。此后从井冈山到延安，从农村到城市，从地方到全国，我党似星火燎原，如灯塔指引，摧枯拉朽，势如破竹，一举开辟了人民当家作主的新纪元。在中国共产党的领导下，在全国人民的艰苦努力下，在不断的改革和探索中，我们取得了从站起来、富起来到强起来的伟大飞跃，开启了全面建设社会主义现代化国家新征程，决胜全面建成小康社会，实现了全体人民走向共同富裕等累累硕果，中国特色社会主义的道路也越走越宽广。可以说,党的百年历史是苦难中铸就辉煌、挫折后毅然奋起、探索中收获成功、转折中开创新局、奋斗后赢得未来的百年。

读党史,是读懂现在。循着踏满前人脚印的这条路走来,我明白了中国共产党的创立和发展具有一定的历史逻辑和实践逻辑,换言之,是历史和人民选择了共产党。"没有共产党就没有新中国"对我们而言绝不仅仅只是一句口号,更是基于客观事实的真知灼见,同时我也更加深入地理解:中国共产党的领导是我国制度的最大优势。从源头来讲,中国共产党的诞生是中国革命发展的客观需要,是马克思主义同中国工人运动相结合的产物;就近况而谈,不妨以前段时间来势汹汹的疫情为例,党中央"集中力量办大事",基层组织雷厉风行,共产党员愿为人先,我们党以超强的组织能力,动员全国,集中人力物力,将我们的制度优势转化为治理效能,迅速建成了火神山、雷神山医院,以最快的速度控制住了疫情,中国特色社会主义制度的优越性可见一斑。毋庸置疑,时间流逝中党在改变,面向自我不断革命,探索创新,但变中蕴含着不变,虽世殊时异,但初心如一——以人民利益为己任。

读党史,是指向未来。"以史为鉴"是一种面向未来的历史态度,意味着领悟历史演变规律,把握社会发展大势,这告诫我们在党史中汲取智慧和力量,总结经验规律,坚定历史自信,从而开创更好的明天。学习重温党的百年历史,是为明理、为增信,亦是为力行。质胜于华,行胜于言。习近平总书记强调:"要把学习党史同总结经验、观照现实、推动工作结合起来,同解决实际问题结合起来。"一方面,我们应从挫折中看到教训,从辉煌中看到规律,提高治国理政、破解难题的能力水平;另一方面,我们要带着对党的历史自信、对中华民族的未来自信上路,唤起践行初心使命的自觉,增强攻坚克难的勇气信心,实干笃行,抖擞精神再出发。

“看历史,就会看到前途。”我们当前处于中国特色社会主义新时代,它延伸向更光明的未来,这是需要无数青年携手同心、努力开创的未来。习近平总书记说:“青年一代有理想、有担当,国家就有前途,民族就有希望。”全面建设社会主义现代化国家、向第二个百年奋斗目标进军,青年既是见证者和参与者,也是奋斗的生力军、受益的主体。我们应该了解到自己赶上了这样一个充满巨大“青春红利”的时代,也应该清醒地意识到自己需要肩负起更大的责任与担当。国际形势风云变换,社会发展日新月异,我们亦需更加努力求进,关注政治生活,把握时代脉搏,担负历史使命,培养与时俱进的实践意识和勇于求变的创新精神。“学党史、悟思想、办实事、开新局”不应仅停留于口号,新征程路上的蓬勃朝气正激荡着每一个梦想,让我们一起,携手起航!

(文/王悠涵)

百年恰是风华正茂,历尽千帆仍是少年

星星光亮从中国版图汇聚,红色旗帜飘扬间是中国共产党峥嵘岁月的谱写。一百年筚路蓝缕,风雨兼程;一百年历经沧桑,屡创辉煌。2021年是极富时代意义的一年,是“十四五”规划的开局之年,也是中国共产党建党一百周年。“百年征程波澜壮阔,百年初心历久弥坚”,站在党的百年华诞的重要节点上,回顾百年奋斗历程,汲取信念的力量,学习思想精神,才能更加坚信只有中国共产党才能带领中国人民走向更加广阔的康庄大道。

俄国作家列夫·托尔斯泰曾言:"历史是国家和人类的传记。"历史是现实的根,任何一个国家的今天都来自昨天。每每处于迷茫时刻,我总是会翻开历史的羊皮卷,书中前辈们艰苦奋斗、信念坚定的身姿总会让我找到奋斗的动力和方向。历史不会让我们失望:弃笔从戎的书生明白大义,热血铸就的被压迫者奋力反抗,那个年代里意志坚定的人们为了同一个目标前进。"学史明理、学史增信、学史崇德、学史力行",学党史方能鉴得失,知荣辱,兴国家。

百年政党,砥砺前行,困顿逆境中毅然奋起,不忘初心和使命。回望历史,马克思主义传入中国,俄国十月革命带来革命曙光,于是有志之士联合,南湖红船上的点点星光汇聚,中国共产党成立,中国伟大事变悄然发生。新民主主义时期,从南湖到井冈山,从古田到遵义,从延安到西柏坡,从南昌起义到三大战役,从抗日战争到解放战争,经过28年的浴血奋战,打败了日本帝国主义,推翻了国民党的反动统治,建立了中华人民共和国。社会主义建设时期,第一架飞机、第一辆汽车、第一颗原子弹和氢弹……无数个第一无不证明在那个激情燃烧的岁月里,中国共产党卓然挺立,矢志前行,形成了社会主义革命和建设的强大力量。改革开放和社会主义现代化建设时期,我国经济快速发展,社会保持长期稳定,实现了中华民族从站起来到富起来的伟大飞跃。一艘小小的红船越过急流险滩,穿过惊涛骇浪,最终成了领航中国行稳致远的巍巍巨轮。

百年征途漫漫,披荆斩棘不问辛劳,攻坚克难中丹心铸就。"丹青难写是精神",革命先辈为了人民的幸福、民族的解放和祖国的美好明天,勇敢地迎向敌人的屠刀,前仆后继,英勇奋战……黄继光为了革命的胜利,毅然堵住了敌人的子弹,用生命换来了战斗的胜利;年仅十六岁的刘胡兰从容不迫地走向敌人的屠刀,献出了自己年轻的一生;民族英雄赵一曼坚守党的秘密,狱中受尽酷刑,舍弃"小家"为"大家";战斗英雄董存瑞为了开辟祖国解放的胜利道路,舍身炸掉敌人的碉堡。正是因为有了这些战斗英雄,革命的车轮才能滚滚向前,向着未来走去,向着希望走去。两弹元勋邓稼先,年轻时学成归国,放弃国外的优厚条件,终身献身国家核武器研究;守岛32年的王继才第一次登上开山岛才26岁,在风浪拍岸中洒下一片赤子心怀;戍边战士杨祥国不畏艰苦,捍卫主权不退让、边境执勤冲在前,寸土必争、寸步不让;"80后"小学校长张玉滚,扎根乡村教育事业,一根扁担挑起孩子们的读书梦,先后教过500多名孩子,培养了16名大学生;耶鲁大学毕业生秦玥飞脚踏泥泞,俯首躬行,在荆棘和贫穷中拓荒,投身到农村建设中去……他们是国家民族的精魂,是支撑民族自信心的桥梁,是民族力量之源泉,是一个民族浩瀚历史星空中闪烁的星星。从这些共产党人的身上,我认识到了共产党人的浩然正气,也明白了为什么高高飘扬的国旗如此鲜艳,其闪耀的光芒温暖着民族的身骨,影响着一代又一代人。

百年奋斗时光,百折不挠,党与人民风雨同担,同舟共济。近百年的奋斗时光,终于让人民等到了中国特色社会主义新时代。伴随着党的十八大的召开,党的建设调整到了最大化,党和人民齐心协力手拉手,到现在,青山碧水重现,贫困地区全部摘帽,城乡关系更加协调,文化建设人民群众更加喜闻乐见,核心价值观深入人心,国家在世界之林的话语权越来越强……历经千帆,中国共产党始终为人民谋幸福,为中华民族谋复兴,始终是那个保持初心不变的少年。

2020年是极其特殊的一年,春节前突如其来的新冠肺炎疫情,打破了安定祥和的节日气氛。在这人命关天的关键时刻,中国共产党发挥中国特色社会主义的制度优势,全国上下一心坚持党的领导,齐心协力,只为打赢这场疫情防控阻击战。"观今宜鉴古,无古不成今",正是因为有了历史深厚的积淀,中国共产党才能如此镇定自若、指挥有度。2021年伊始,习近平总书记通过中央广播电视总台发表了新年贺词,其中有一句话令我印象深刻:"平凡铸就伟大,英雄来自人民。"面对生死攸关的严峻考验,党员冲锋在前,奔赴抗疫一线,千里驰援、逆行出征,体现着深厚的家国情怀与使命担当,其中在天河机场"山川相遇"的画面深深刻印在每一个山大人的记忆里。

作为一名新时代要求进步的大学生,吾辈自将自己的个人价值同国家人民的利益结合在一起,把对党、对祖国、对社会主义事业的无限热爱投入中华民族伟大复兴的社会实践,实现自己的人生价值,以梦为马,不负青春韶华,无愧于时代、无愧于人民。

"鉴于往事,有资于治道。"中国共产党这100年的历史证明,红色政权来之不易,它是用无数烈士的生命和鲜血换来的。只有中国共产党才能肩负起民族的希望,才能领导中国人民把历史推向前进。没有共产党就没有新中国;没有共产党就不能发展中国。百年恰是风华正茂,历尽千帆仍是少年,在中国共产党的领导下,中国必将披荆斩棘、乘风破浪,向着更加美好的未来前进,世界终能华枝春满、天晴月圆!

(文/毕欣雨)

读百年党史,承红色基因,筑成仿吾班"青马"之梦

春绿大地,万象更新,2021年,中国共产党即将迎来百年华诞。习近平总书记在党史学习教育动员大会上强调,我们党的一百年,是矢志践行初心使命的一百年,是筚路蓝缕奠基立业的一百年,是创造辉煌开辟未来的一百年。

“欲知大道，必先为史”，学习、理透、借鉴历史是中华民族五千多年来的一个优良传统。而作为成仿吾班的青年马克思主义者，“学党史、知党史，做新时代合格的“小青马”更是我们的追求和责任，也是对山大校训“学无止境，气有浩然”对山大学子的本质要求。因此，我们不妨翻翻百年党史，翻翻这本“最好的教科书”，摄取这份“最好的营养剂”。而从这本百年厚重的教科书中，我也收获了一些粗浅的心得。

百年党史如明灯，照亮仿吾班“小青马”前行之路

百年党史是中国共产党人用生命谱写和成就的，这些穿越时空的共产党人榜样时刻照亮我们仿吾班“小青马”的前行之路。在百年非凡奋斗历程中，一代又一代中国共产党人顽强拼搏、不懈奋斗，涌现出了一大批视死如归的革命烈士，如方志敏、董存瑞；一大批顽强奋斗的英雄人物，如雷锋、王进喜；一大批忘我奉献的先进模范，如焦裕禄、孔繁森……当读百年党史重温这些名字时，心中不禁充满了自豪和敬意，他们的言行无不像大海中的灯塔一样，指引着我们仿吾班“小青马”青春前行的方向。今天，在百廿年山大的学堂中，翻读百年党史，翻开山大百廿年校史，我想起了老校长成仿吾，更忆起山东大学齐鲁医院抗疫英雄张静静，以及今天更多默默无闻的老师和学长，他们薪火相传，照亮了我们仿吾班“小青马”的青春前行之路。

百年党史蕴藏着一笔无形财富，那就是中国共产党人的伟大精神。在百年非凡奋斗历程中，从红船精神、井冈山精神、长征精神、延安精神、抗战精神到大庆精神、“两弹一星”精神、改革精神，再到载人航天精神、抗震救灾精神以及新时代伟大抗疫精神、脱贫攻坚精神……这些伟大精神跨越时空，承载着红色基因，照亮了我们仿吾班“小青马”前行之路。走过两个甲子的山东大学，坚守“为国育贤”的办学初心，也孕育了

“家国情怀”“崇实品格”“担当精神”“创新素养”等广受赞誉的“山大基因”。作为新时代成仿吾班“小青马”、新时代共青团员，我们要从承载着红色基因、贯穿于百年党史的精神中汲取信仰，用伟大精神谱系构筑魂魄，用我们的专业，用我们的双手，用我们的青春，把新时代中国特色社会主义伟大事业推向前进。

百年党史如号角，激发仿吾班“小青马”奋进之力

翻读百年党史可知，中国共产党诞生之初只有50多名党员，而今天已然是拥有9100多万名党员的世界最大的马克思主义执政党。从“小小红船”到“巍巍巨轮”，从“春天的故事”到“新时代华章”，中国共产党领导革命、建设、改革伟大实践，奋斗出救国、兴国、强国历史过程，正在实现中华民族伟大复兴的宏伟事业。在全世界人眼中，这是“有史以来最励志的创业故事”。

翻读百年党史可知，忆往昔，峰峦环绕的井冈山只有几条羊肠小路穿过五大哨口；看今朝，虽然井冈山依然是崇山峻岭，但四车道盘山公路伸展蜿蜒，更有列车飞驰穿梭、飞机直航各地……还记得“山路十八弯”上朱德挑粮的扁担吗？看到今天“条条大路进井冈”的汽车了吗？正是由于中国共产党人的百年开拓前进，才有今天的历史性跨越和中国特色社会主义的人间正道。

作为一名身处百廿年山大学堂中的仿吾班“小青马”，中国共产党人的“创业”故事、开拓精神已经为我吹响筑梦青春的号角：图书馆中在思考吗？教室中在奋笔疾书吗？科创中在突破吗？运动场上跑起来了吗？社团中活跃起来了吗？青春的生涯规划好了吗？……仿吾班“小青马”自当奋力筑梦青春，向山大百廿年校庆献上青春之礼！向建党百年献上青春之礼！

学百年党史承红色基因,于仿吾班筑梦“小青马”

恩格斯曾说:历史就是我们的一切。百年党史中永存着伟大的中国共产党人,镌刻着中国共产党人的精神谱系、创业故事和奋斗历程,蕴含着生生不息的思想力量和红色基因。百廿年的山东大学秉承着“为天下储人材,为国家图富强”的办学宗旨,践行着“学无止境,气有浩然”的校训,形成了“崇实求新”的校风。

“究天人之际,通古今之变。”作为正值青春的山大学子,作为仿吾班“小青马”,仍需薪火相传,踔厉奋发。正如习近平总书记在新年贺词中说的,“艰难方显勇毅,磨砺始得玉成”,仿吾班“小青马”为天下所储,气有浩然的山大学子必将投报国家富强之新成就、中华民族伟大复兴之梦想!

(文/杨智豪)

承前志,启新元

习近平总书记在主持中共中央政治局第七次集体学习时强调“历史是最好的教科书”,并指出:“学习党史、国史,是坚持和发展中国特色社会主义、把党和国家各项事业继续推向前进的必修课。”作为新时代“小青马”的我们,理应认真学习、研究党史国史,武装头脑,强固思想,为日后建设祖国打下坚实基础。

以史为本

纵观百年党史，目光定格在不计其数的感人瞬间。党史的闪耀之处是五四运动前夕北大谢绍敏咬破中指写下的"还我青岛"，是3000名学生走上大街齐声呼喊的《北京学界全体宣言》，是陈望道在破旧的柴火屋里一句一句译写的《共产党宣言》，是两万五千里长征中无数可歌可泣的感人事迹，是革命先贤在战场上厮杀必胜的决心，也是九千多万党员勤勤恳恳、尽职尽责的日常工作。习近平总书记指出，我们党的一百年，是矢志践行初心使命的一百年，是筚路蓝缕奠基立业的一百年，是创造辉煌开辟未来的一百年。而这也正是中国共产党带领人民实现伟大复兴中国梦的一百年。因此，回望中华民族的昨天，是为了明天乃至以后的更好发展。学习党史，需要将优秀的精神内核自主内化为奋斗与前进的标杆。面对变幻莫测的世界形势，中华民族更应该心往一处想、劲往一处使，拧成一股坚忍不拔的绳，而党史作为我们党和国家的发展根基，就是能够将数亿中国人聚拢在一起的精神之本。

以史为镜

当我们站在历史的长河之中回望过去时，所看到的点缀在黑暗之中的点点星光，就是在发展过程中凝聚着人类智慧与劳动成果的结晶。从毛泽东思想到邓小平理论，马克思主义在中国的发展迈上了新台阶；从"三个代表"重要思想到科学发展观，时代前进的脚步留下深深的痕迹；习近平新时代中国特色社会主义思想，既是对过去伟大思想的总结与升华，又结合当今中国发展需求，是全党全国各族人民为实现中华民族伟大复兴而不懈奋斗的精神明灯、行动指南。于"八个明确""十四个坚持”之中，我们读懂了坚持人民当家作主、坚持党对一切工作的领导等中心思想一以贯之的继承，也看到了共产党人在建成社会主义现代化强国的道路上迸发出的决心与勇气。但历史这面镜子不仅留下了这些宝贵的思想财富，更是伟大的人民智慧、人民精神的无言见证者。即使身处和平年代，我们仍会记起“天下兴亡，匹夫有责；万众一心，共御外侮”的抗战精神，永远铭记着“爱国、创业、求实、奉献”的大庆精神。因为这些精神的存在并不仅仅限定于当时的年代背景，无论历经多少沧桑变迁，它们仍然在建设祖国的道路上闪闪发光。中国共产党带领下的中国人民，聚是一团火，散是满天星。雷锋精神、焦裕禄精神、“两弹一星”精神，都对应着新中国从无到有、从弱到强发展历程中的典范人物，引领着新时代的奋斗者向先进人物靠拢，争做时代建设的新典范。

以史为鉴

如何在浩如烟海的史料之中抽丝剥茧，提取精要，总结并得到事物发展的一般规律，进而应用于破解今天的发展之困，这才是学习研究百年党史的现实意义所在。只有应用马克思主义唯物史观这一被历史发展与人民实践检验过的科学方法，才能用辩证的、发展的、历史的眼光看待问题、分析研究历史。不可否认的是，中国共产党在其百年的发展历程中并非一帆风顺，也有跌宕起伏，只要我们拨开现象追寻本质，正确对待那些错误和挫折，就一定能跳出某一单独事件的得失利弊，就一定能真正掌握社会发展的主流方向与历史发展的主线。要批判地看待历史人物得失，我们就要认识到事件发生时的时代局限性和背景局限性。长期以来，一直存在一些歪曲历史事实，混淆大众视听，公开在网络上丑化英雄或者美化反面人物的现象，甚至有些无良媒体还会深挖曲解一些片段、细枝末节，以此来试图否定党的主流本质，这都是历史虚无主义的典型表现。我们要认真地学习党史重要的精神内涵，深挖英雄人物背后的精神品质，因为这些永不会过时，仍然能够被应用于当下以及未来的发展建设中。只有在认真学习党史的基础上，把握住历史的发展主流主线，总结好历史发展过程中出现问题背后的经验与修正做法，我们才能接好时代发展的接力棒，才能更好地传承红色基因，牢记发展使命，继续奋斗在建设祖国的一线。

（文/刘雪晗）

第二目 “仿吾”青春，躬身践行

理论与实践的统一是马克思主义的一个基本原则。站在实现“两个一百年”奋斗目标的历史交汇点上，山东大学成仿吾英才班的“小青马”们走进社区，展示我国脱贫攻坚的巨大成就以及祖国乡村的美丽图景；深入革命圣地，躬身实践，细细探索先辈们留下的英雄史诗与红色基因。在暑期社会实践中，仿吾班“小青马”们从基层扶贫、教育扶贫、健康扶贫、产业扶贫四个角度展开调研，提供青年方案，展现青年担当；在寒假社会实践中，仿吾班“小青马”们走向社会、走进基层，针对不同群体开展多次宣讲活动，分享学习感悟，推动党的十九届五中全会精神普及社区。他们探访沂蒙，走过孟良崮、红嫂纪念馆，从革命老区深厚的红色底蕴中感受沂蒙精神；他们前往枣庄，从台儿庄古城清澈的运河水里回望旧时战火，为艰苦卓绝的斗争、负重前行的英雄、血战到底的信念而热泪盈眶。

回望实践历程，“小青马”们坚韧求索，锐意进取、砥砺前行。作为新时代的青年大学生，我们必将接过传承的薪火，以国家富强、人民幸福为己任，积极投身中国特色社会主义建设伟大实践，不忘初心，艰苦奋斗。

（文/毕欣雨）

第一话|基层:实践凝聚“小青马”力量,调研助力脱贫攻坚

【编者按】 经过8年持续奋斗,我们如期完成了新时代脱贫攻坚目标任务。千百年来,中国人民最朴素的愿望和憧憬——“摆脱贫困,走向小康”成为现实。为了深入了解脱贫现状,体会脱贫攻坚给中国大地带来的巨大变化,仿吾班“小青马”从基层扶贫、教育扶贫、健康扶贫、产业扶贫四个角度展开调研,提供观察脱贫攻坚的青年视角,提出青年方案,展现青年担当。在调研中,“小青马”们深刻认识到脱贫攻坚的巨大意义,在这一过程中,他们的内心也被一段段故事、一张张笑脸深深触动。在调研中,“小青马”们明白了“征途漫漫,唯有奋斗”的道理。中国共产党带领全国各族人民通过奋斗,披荆斩棘,走过万水千山,最终实现了脱贫攻坚战的全面胜利。作为青年的我们也应树立奋斗第一的理念,立足现实,咬定青山不放松,向着目标勇敢前进。涓涓细流

汇成大海，点点星光点亮银河，相信我们一定可以在未来大有可为，为国家发展、民族复兴贡献青春力量，承担青年使命！

探索求知，担当青年使命

“纸上得来终觉浅，绝知此事要躬行。”名句流传千古，向人们昭示着一个亘古不变的真理，即“实践才能出真知”。习近平总书记曾在《习书记邀请我们返家乡搞农村调研—习近平与大学生朋友们》一文中强调，搞调研可以深化课堂所学的知识，还可以发现很多课堂之外的事情，真正将我们所学的知识运用到实践之中。

刚刚过去的2020年是极不平凡的一年，新冠肺炎疫情来势汹汹，给全面打赢脱贫攻坚战带来了巨大冲击，给按时实现全面脱贫带来了重大考验。面对新冠肺炎疫情带来的挑战，全国上下齐心协力，在疫情得到控制的基础上，在脱贫攻坚方面也取得了巨大成就。2020年11月23日，全国832个国家级贫困县全部脱贫摘帽。

时代在前进，使命在召唤，作为一名“小青马”，我们理应用足迹丈量中国，将汗水洒满中国大地。2020年暑假，山东大学成仿吾英才班的“小青马”们兵分四路，走进社区，深入田间地头，用躬身实践向大家展示我国脱贫攻坚的巨大成就以及祖国乡村的美丽图景。

（一）基层扶贫，解决“最后一公里”

习近平总书记指出，“形式主义、官僚主义、弄虚作假、急躁和厌战情绪以及消极腐败现象仍然存在，有的还很严重，影响脱贫攻坚有效推进”，并特别强调“这些问题，我已经多次敲过警钟了，今天再敲敲‘法槌’，希望引起大家高度警觉”。基层扶贫看似微不足道，实际上却是深入人民群众的“毛细血管”，只有基层扶贫工作搞好了，党中央的扶贫春风才能真正吹进贫困群众家中。

仿吾班第一小队深入基层,详细了解了调研地点脱贫攻坚的重要措施。"蒙山高,沂水长……"仿吾班"小青马"们听着《沂蒙颂》,走进了革命老区蒙阴县,在这里"小青马"们深刻地感受到了发展文旅产业给老区带来的深刻变化:村容村貌好了,村民收入高了,幸福的微笑洋溢在每一位老区人民的脸上,红色沂蒙摘掉了贫困的帽子,从此旧貌换新颜。在大同市云州区和合肥市庄墓镇,特色产业让当地农民无需离乡便可享受脱贫致富的快乐。看着漫山遍野的黄花,云州农民满脸都是欣喜,满眼都是希望,在他们心中,黄花早已成为致富花、幸福花。庄墓镇的陈叔叔再也不用担心生计问题了,特色产业让他看到自己和女儿在未来的无限可能。

结合调研实际,"小青马"们也有了深刻的认识。他们认为,对于贫困地区,产业扶贫是最直接、最有效的办法,也是增强贫困地区造血功能、帮助群众就地就业的长远之计,也是贫困群众增加收入、摆脱贫困的重要途径。

基层扶贫是最贴近人民群众的,只有基层脱真贫、真脱贫,全国的脱贫攻坚事业才能取得真正的胜利。未来,"小青马"们也要像驻扎在脱贫攻坚一线的扶贫干部一样,深入田间地头,走进困难群众的家中,为脱贫攻坚贡献自己的青春力量。

(二)教育扶贫,春风化雨润心田

习近平总书记说道:"百年大计,教育为本。教育是人类传承文明和知识、培养年轻一代、创造美好生活的根本途径。"可见教育对我国发展的重要意义。而脱贫攻坚也离不开教育的"主动造血",扶贫先扶智,教育让贫困学子、贫困家庭走出大山,让彻底摘掉贫穷的帽子成为可能。

仿吾班第二小队"歆然"小队,紧抓教育问题,对话政府、走进学校、走访困难学生，全方位多视角地向我们展示了教育扶贫工作者的不懈努力和所取得的巨大成就。在教育扶贫中，政府统筹协调，积极动员社会各方力量，瞄准目标，同向发力，担当“领头人”；学校积极落实相关扶贫政策，在生活、学习、精神方面给予困难学生最大限度的支持与鼓励，让学校成为他们温暖的港湾；教育扶贫，重在关怀，扶贫政策细致入微的关怀，解决了贫困学生后顾之忧，让他们可以心无旁骛地在课堂上放飞自己的梦想。

当下，青年大学生群体已然成了扶贫工作中的中坚力量和新生力量，他们是脱贫攻坚战中不可或缺的助力者，对于教育扶贫的进一步开展起到重要的作用。“小青马”们对于教育扶贫也提出了自己的建议：教育的目的在于扶贫，经济搞好了，教育自然就上去了；拓展教育类型，多样化的教育让贫困学生在未来可以多一种选择；社会多方面协作为贫困学生织就一张爱心大网，保证在求知路上一个人也不掉队。

千百年来，受教育一直是困扰千千万万普通中国家庭的难题。而如今，教育扶贫如阳光、如雨露，让贫瘠的土地开出绚丽的花朵。受教育不再是千万家庭的难题，而是一个个怀揣梦想的学子实现愿望的阶梯。

（三）健康扶贫，妙手仁心护康健

没有全民健康，就没有全民小康。健康扶贫作为脱贫攻坚的重要组成部分，对于保障贫困人口享有基本医疗卫生服务、推进健康中国建设、防止因病致贫和因病返贫、如期实现贫困人口全部脱贫这一战略目标具有重大意义。以习近平同志为核心的党中央，始终把人民群众的身体健康放在重要位置，在无数干部群众的一起努力下，我国终于打掉了因病致贫、返贫这只“拦路虎”，啃掉了这根“硬骨头”。

仿吾班第三小队“语闻”小队，结合自身经历与体验，将医疗健康这一关乎贫困群众生命健康的重要议题作为调研的主题。在调研过程中，队员们听到的最多的一句话就是：“对村里人来说，负担最重的一般就是医疗支出，为了省下医药费，往往就是小病拖、大病扛。”走访中许多家庭的故事让人潸然泪下。曾几何时，生病不就医成了家里几代人的习惯。直到有一天健康扶贫的春风吹进了村里，村里的卫生室开起来了，城里大医院的名医不用出门就能看上，村民渐渐过上了“小病不用愁，大病靠医保”的好日子。以免除困难群众就医的后顾之忧为目的，一个遮风挡雨的大伞正在庇护困难群众向着幸福的道路上前行。

健康问题关系千家万户，根据群众的呼声，“语闻”小队也提出了相应的建议。未来，我们应该尽可能实施更加全面的医保措施，提高村镇医务人员的待遇，提高他们的积极性，完善城乡卫生健康体系，真正让村民足不出户看对病、治好病。

健康扶贫，让一幅幅健康乡村的美丽画卷徐徐展开。健康中国，我们谁也不掉队。

(四)产业扶贫，门前盛开致富花

“仓廪实而知礼节，衣食足而知荣辱。”习近平总书记指出：“乡村振兴要靠产业，产业发展要有特色，要走出一条人无我有、科学发展、符合自身实际的道路。”今天，产业扶贫政策如雨后春笋般在各地涌现，因地制宜，精准扶贫，产业扶贫已经成为脱贫攻坚的重要着力点、全面小康的强效推动剂。

为此，仿吾班第四小队的八位同学以“特色产业助脱贫”为统揽，自发组成脱贫调研团，探究各具特色的产业脱贫模式。他们用“四剂良药”来形容产业扶贫：第一，脱贫强心剂——正所谓“栽下梧桐树，引得凤凰来”，紧抓地区基础设施建设完善工作，修通一条路，架设一座桥，为贫困户打开致富的大门。第二，脱贫催化剂——依托当地特色资源，要想实现稳定可持续脱贫，就要找准当地特色脱贫之路，因时因地，让“特色”成为脱贫“亮色”。第三，脱贫强化剂——科技发展助扶贫，智能大棚、农业机器人、自动恒温恒湿等先进的“农业黑科技”在广袤的农村大地上大显身手。第四，脱贫加速剂——宣传到位，让特色产业走出乡镇，古语道：“酒香不怕巷子深。”在脱贫路上，多渠道的宣传让酒香飘出巷子，飘到能发光发热的地方。

他们相信，因地制宜、选好项目、建立长效机制、选好致富带头人等举措，在未来将成为驱动产业扶贫的关键。“其作始也简，其将毕也必巨。”振兴路上，产业扶贫，大有可为！

脱贫攻坚战场上，战鼓声声催人进，捷报张张频频传。此次深入实地调研，既让我们看到了祖国各地脱贫攻坚取得的巨大成就，也让我们切身参与到了国家扶贫过程中，为实现脱贫攻坚贡献了山大力量。祖国山河壮美，人民喜笑颜开，心近了，梦圆了，我们可以骄傲地喊出：“全面小康路上，一个也没落下！”这也是献给党和祖国最好的礼物。

（文/代鹏）

蒙阴之行：调研出真知

2020年8月16～17日，我们山东大学成仿吾英才班“一枝一叶”抗疫扶贫“赴山东临沂蒙阴县实践调研”小分队前往蒙阴县开展疫情下脱贫攻坚工作的调研活动。

过去很长一段时间里，山东省临沂市蒙阴县都是人们口中一个不起眼的贫穷小县城。自国家脱贫扶贫工作实施以来，这个小县城发生了翻天覆地的变化。因此,我们选择该县作为调研地点,了解政府扶贫举措和成果,并将着重调查疫情影响下蒙阴县农业、旅游业带动脱贫攻坚的情况。

8月17日上午10点,我们前往蒙阴县人民政府采访了扶贫办主任姜前运。当被问到疫情给蒙阴县政府扶贫工作增加的难度以及一些新政策的出台时,姜主任表示,疫情期间蒙阴县政府全力保障那些生活受到影响的村民的生活物资供给,并给没有条件上网课的学生提供资金支持。在复工复产方面,蒙阴县政府增加了村民的政策性收入,并提供了大量公益岗位保证就业。同时,姜主任自豪地提到,蒙阴县没有出现一例疑似病例,这极大减轻了本县复工复产的压力。最后,他讲道,疫情不会对蒙阴县的扶贫工作带来非常大的影响,今年的脱贫攻坚战一定会取得胜利。

17日下午2点,我们驱车前往临沂市蒙阴县沂蒙山景区。沂蒙山景区作为5A级景区,人文景观和自然景观均是山东一绝,对蒙阴县地方发展的拉动作用十分显著。沂蒙山景区负责人刘国华接受了我们的采访。他就扶贫工作下旅游景区的特色景点、2020年上半年景区盈利情况、疫情影响下政府对扶贫工作的支持与帮扶、目前景区工作恢复情况等问题作了非常细致的解答。他表示,云蒙景区在新冠肺炎疫情的影响下加大对营销的宣传投入力度,在活动市场上进行补贴,通过线上、线下有目的、有针对性地推广,通过促销及品牌优势,以"踏青、赏春、醉氧"为活动主元素,进行强促销拉动,强拉客流量和人气,让景区在疫情过后迅速"活"起来。8月初,景区迎来了省外旅行社的首发团队。

本次调研活动我们的团队以探寻新冠肺炎疫情对国家脱贫攻坚任务的影响为主线,深入基层,对新冠肺炎疫情对确保按时高质量打赢脱贫攻坚战的影响有了更加深入的了解。同时,我们尝试总结了新冠肺炎疫情下脱贫工作的新思路、新出路，为疫情下脱贫攻坚战提出自己的看法。

（文/范益宁）

教育扶贫助力点滴梦想

2020年7月，正是脱贫攻坚的关键时期，我有幸作为山东大学成仿吾英才班“歆然”小队的一员参加了本次暑期社会实践。

德国哲学家雅斯贝尔斯有言：“教育的本质意味着，一棵树摇动另一棵树，一朵云推动另一朵云，一个灵魂唤醒另一个灵魂。”通过前期的调研和讨论，我们决定立足于教育，尝试在脱贫攻坚战的大背景下探究教育扶贫与救助政策的实施状况以及教育扶贫在促进当地学生成长、教育发展、科技进步等方面的作用，为教育扶贫进一步充分发挥其应有的作用提出针对性的意见建议。同时，为响应学校号召，我们也积极探索“互联网＋社会实践”新模式，采取线上线下二位一体的方式开展此次社会实践。

正所谓“治贫先治愚，扶贫先扶智”，前者决定了教育扶贫的先导性功能，后者则决定了教育扶贫的基础性地位。授之以鱼，不如授之以渔，教育扶贫能让贫困地区的孩子掌握知识，改变命运，造福家庭，因此是最有效也最直接的精准扶贫。

为更全面深入地了解教育扶贫特点，探究教育扶贫背后所蕴含的社会效果，我们从政策制定者、政策执行者、政策受益者三个角度进行了调研。通过走访政府相关部门以及社会团体，我们不仅了解了国家层面针对教育扶贫的宏观政策，而且也能看到各地政府由此因地制宜的扶贫举措，政府部门统一组织，协调调动各方资源，统筹推进教育扶贫政策执行与落实；通过走访校园这一教育扶贫的主要阵地，我们深刻地认识到"政策之道，落实为要"的重要意义，我们走访的各级各类学校都在积极落实教育扶贫政策，探索符合受助学生需要的扶助新形式；通过走访受助学生，我们以第一视角认识到当前教育扶贫的不足，从而能够获得直击痛点的意见反馈，根据交流情况我们也总结出了加大宣传力度、加强民主监督、创新资助形式、简化申报流程、扩大覆盖范围等一系列有实效性、可操作性的政策改进意见。

这次调研使我们听到了来自社会各界的声音，亦收获了很多触动，因为在我们周围有着许许多多平凡的扶贫工作者，他们都在默默无闻地奉献着，只为实现孩子们的点滴梦想。获得"感动中国 2020 年度人物"的"燃灯校长"张桂梅便是这万千伟大的筑梦人之一。然而，我们不曾知道的是在这片广袤的土地上还有无数个如她一般的人在不停散发着光和热。同时，在线上调研中，我也切实感受到了广大青年学生对于成为扶贫中坚力量的强大意愿。当问卷问及有无参与支教或其他教育扶贫项目的打算时，很多人会坚定地选择"有"，而且身边很多同学有过支教经验，他们正以自身的实际行动践行着时代赋予的使命。

"青年一代有理想，有本领，有担当，国家就有前途，民族就有希望。"新时代的宏伟蓝图归根结底需要青年来描绘，作为"小青马"则更应当怀有强烈的使命感和责任感，自觉为扶贫事业贡献自己的微小力量。要相信：纵使是再微小的光束，只要千万条汇聚在一起，也如太阳般闪耀。

（文/高李泊廷）

产业脱贫助振兴

站在“两个一百年”奋斗目标的历史交汇期，2020 年作为全面建成小康社会的收官之年，亦是脱贫攻坚的关键年份。而产业脱贫作为阻断贫困发生的最有效动因，能够激活发展动力，增强贫困地区造血功能，实现贫困家庭与区域的协调发展。在这个特殊的夏天，山东大学成仿吾英才班学员以“特色产业脱贫”为核心，分赴山东省泰安、潍坊与淄博三市，从基层建设、产业发展、人才培养等多个维度展开实地调研。仿吾班“小青马”从社会实践中获取真知，在基层工作中总结方式方法，逐步加深了自身对产业脱贫的认识与思考。

打牢基础，引进人才，为产业脱贫注入强心剂。脱贫攻坚，基础为先。要想让贫困地区群众过上好日子，首先就要将地方工作重点放到基础设施建设上，提高群众的幸福感。不仅要满足生活的基本需求，更要让贫困群众看到生活的希望、奋斗的曙光，为后续脱贫工作的开展奠定坚实的基础。在山东省泰安市潘台村，第一书记带领工作班子下沉基层，解决村民日常生活中的烦恼，全面统筹推进全村基础设施建设工作。一遇下雨天就泥泞不堪的村头小路，如今变身为宽敞平坦的柏油马路；光线昏暗、冬冷夏热的破旧土坯房，摇身变成明亮干净的小洋楼。正所谓“栽下梧桐树，引得凤凰来”，紧抓地区基础设施建设完善工作，修通一条路，架设一座桥，为贫困户打开致富的大门。除硬件基础设施建设外，选拔有头脑、敢实践的致富带头人，充分发挥优秀人才的引导与带头作用，也是实现产业脱贫的重要保证。泰安市肥城市一方面积极引进科技人才，加强科技创新，扶持本地玻纤特色产业发展；另一方面加强对当地农民的政治、理论、技能等专业培训，增强当地脱贫致富的能力和信心，真正做到"既要富口袋，也要富脑袋"，实现稳定脱贫，为产业的长效发展打好基础。

因地制宜，长效发展，为产业脱贫注入催化剂。要想实现稳定可持续脱贫，就要找准当地特色脱贫之路，因时因地，让"特色"成为脱贫"亮色"。习近平总书记指出："发展是甩掉贫困帽子的总办法。"贫困地区要从实际出发，因地制宜，把种什么、养什么、从哪里增收想明白，实现"村村有致富项目，人人有脱贫门路，帮助乡亲们寻找脱贫致富的好路子。"地处淄博市博山区东南部的赵庄村作为省级重点贫困村，受自然条件制约，发展速度与发展水平严重受限，在当地政府的支持与农科院专家的帮助下，重新发掘当地特色资源，建立起菌菇特色产业，配套发展大棚、冷库等基础设施，将大山的馈赠引向大众视野，带动全村经济持续向好发展。此外，脱贫工作要聚焦人民的长远发展与根本利益，不能急功近利，求一时之快，坚持从实际情况出发，一张蓝图绘到底，让产业扶贫工作扎根于人民群众，如此才能实现长期发展。

科技先行，宣传引领，为产业脱贫注入加速剂。科技扶贫是从单纯的救济式扶贫转向科学技术开发式扶贫的重要标志，以科技为先导，结合地方发展项目需求，引进成熟技术，从而将本土资源优势转化为经济发展优势。泰安市王瓜店街道始终将产业扶贫置于扶贫工作的核心位置，积极引进杰出科技人才，建立科技产业园区，扶持联谊玻纤等优质企业的发展成长，企业产品广泛应用于交通运输、电子电器、航天航空等多个领域，大量出口世界各地。以科技扶贫为贫困地区产业发展核心，充分发挥科学技术作为第一生产力的优势作用，让人民群众在致富道路上越走越稳当、越走越宽敞。

古语道："酒香不怕巷子深。"但脱贫路上，怎样引导"特色"酒香飘出巷子，飘到能发光发热的“产业”上去，是产业扶贫的关键举措。山东省寿光市作为中国蔬菜之乡，走出了一条蔬菜致富之路。在这里，一年四季，瓜果飘香，先进的大棚种植技术与日趋完善的配套设施体系保障了蔬菜产出的高质量与稳定性，经验丰富的农户与技术过硬的专家队伍强强联手，让绿色高产大棚遍地开花。而寿光市蔬菜产业的成功，很大程度上得益于当地有效的宣传方式与多类型的推广渠道。至今，寿光市蔬菜博览会已成功举办21届，每每开园，都能吸引全国各地乃至海外大批企业家、游客前来参观，在创造经济价值的同时，也成了寿光市蔬菜产业最响亮的招牌。在国家政策支持与当地政府的积极引导下，寿光蔬菜迈向全国，走向世界，借助“蔬菜”这个致富媒介激活了当地资源，农户们也收获了“芝麻开花节节高”的好日子。

“千淘万漉虽辛苦，吹尽狂沙始到金。”党的十八大以来，在全党全国各族人民的共同努力下，我国持续推进贫困地区产业发展，832个贫困县累计建成各类产业基地超过30万个，贫困地区产业发展条件显著改善。仿吾班“小青马”作为祖国未来的建设者，在三地的探访之旅中，从切身实践中感悟到脱贫成果的来之不易，并总结地方特色发展经验，为脱贫攻坚贡献新时代青年智慧。正所谓“仿吾探寻求真理，‘青马’奋蹄勇争先”。地方扶贫有良方，人民幸福永绽放。

（文/刘雪晗）

躬身践行，播撒实践之花

社会实践作为我国高等教育的重要组成部分，在我国高等教育中发挥着不可替代的作用。参与社会实践，既有利于大学生提升专业技能，提高自身素养，同时对于社会主义物质文明建设和精神文明建设也能起到一定的积极作用。

2020 年是全面建成小康社会目标实现之年，也是全面打赢脱贫攻坚战收官之年。在这不平凡的一年中，我们也遭遇到了新冠肺炎疫情的严峻挑战。在此背景下，我们山东大学成仿吾英才班"一枝一叶"抗疫扶贫调研小组秉承"实践育人"精神，怀承劳动之志，深入基层，了解疫情下扶贫工作的开展情况。作为团队中的一员，回顾本次暑期社会实践，从前期准备、调研过程到后期总结，我深感收获满满。

8 月初，我们小组七位成员在线上正式见面，互相熟悉。鉴于今年疫情这一特殊情况，我们综合各方面因素决定将组内成员分为山东、安徽、山西三个小分队，分别在各自所在地开展调研，并采用线上线下相结合的方式进行完善补充。

活动正式开展前，我们经共同讨论确定了活动地点及采访对象，并在网上查阅调研地相关政策信息，了解其发展现状。结合实际情况，我最终选择去山西省大同市云州区进行调研。

云州区原称大同县，长期以来由于受到地理人文等多种因素的影响，经济发展缓慢，人民生活水平普遍较低。自国家脱贫扶贫工作开展以来，大同县积极响应国家政策，大面积种植黄花，凭借黄花打造农作旅游一体式文化，带动当地经济发展。2019 年，大同县正式更名云州区，并摘掉了贫困县的帽子。同年，成龙电影节在大同举办，黄花作为大同市花，得到了以成龙为代表的“星光脱贫人”的强力推广。2020 年，习近平总书记亲自前往云州区唐家堡村了解当地脱贫情况，并对云州区的未来发展表达了殷切期盼与美好祝愿。

8 月中旬，我先后来到云州区倍加造村、唐家堡村开展疫情下脱贫工作的调研活动。在黄花基地实地体验后，我了解到黄花需在开花前采摘，所以当地农民都在每日凌晨开始劳作。为了避免受寒和蚊虫叮咬，当地农民在劳作时均穿着雨鞋与特制雨衣。乡亲们告诉我他们每家都有 10 亩以上的黄花地，从种植到采摘几乎都是全家出动，亲力亲为。虽然劳作辛苦，但是所有人看着自家的黄花地，满脸都是欣喜，满眼都是希望。

种植黄花还在一定程度上解决了村民就业以及人口老龄化的问题，许多在外地打工的年轻人纷纷回到村里种植黄花，村里也变得有生机。在互联网的大环境下，云州区黄花凭借电商带货这一新兴销售渠道进一步打响品牌，健康有机的黄花配合精益求精的加工让更多人看到了黄花产业未来发展的无限可能。

在本次调研过程中，我看到了在国家扶贫政策下农民收入不断增加、生活水平不断提高的可喜场面，也了解到在疫情影响下当地政策如何借助电商带货、媒体宣传来拓宽产品销售渠道，保证产品销量，打响特色品牌，并深切体会到了“幸福生活都是奋斗出来的”这句话的真实含义。

这次调研让我更加坚定了社会主义制度自信，更加拥护共产党的领导。同时，作为一名社会主义新青年，我更加认识到自己肩上的责任，未来的日子里我一定积极向上，为中国梦的实现贡献自己的力量！

（文/王彦滔）

一点菜农气，千里脱贫风
——暑期实践活动感悟

成仿吾先生书桌前刻苦研究的形象为我们熟知，但很难想象，一位文学教授全程参与了两万五千里长征，将读万卷书与行万里路有机结合在一起。这也启示身为仿吾班"小青马"的我们不应只局限于课堂学习。因此，2020 年暑假，我班组织参与了暑期社会实践，我所在的小组实践课题为产业扶贫，我负责对家乡寿光大棚蔬菜产业进行实地调研，感受特色产业对脱贫攻坚的助推力。两天的实地走访可谓收获满满，现拾取其中一二分享如下。

寿光地处山东省中北部，地势极为平坦，气候温和，有发展农业的先天条件。20 世纪 80 年代，寿光的冬暖式大棚取得大力发展，寿光市三元朱村的王乐义同志更是发起了中国北方蔬菜种植的绿色革命。这些都极大地推动了寿光农业发展，寿光市现在已成为全国最大的蔬菜集散中心。寿光各村镇也借鉴吸收发展模式，开拓出一条以大棚种植为核心的农业脱贫致富道路。

2020 年 8 月 13～14 日，我前往寿光上口镇后牟邵村、付二邵村走访调研。一位菜农给我留下了深刻的印象，他年近花甲，之前是一名建筑工人，在 20 世纪 90 年代响应村内号召回到当地种植蔬菜大棚，在问他贵姓时，他风趣地说道："不贵，姓甄，甄子丹、《甄嬛传》的甄。"这位菜农的文娱生活水平由此可见一斑。据了解，他近来被市里派到河北参与大棚建设，相比之前干建筑工人，收入有了明显提升，时间安排也更灵活，疫情也未对蔬菜销售产生太大影响，年收入可达数十万元。而村内有一半人参与种植蔬菜大棚，大棚蔬菜产业对当地的脱贫助推作用可想而知。

随后村文书带我走访了村内贫困户，之前村内人员大多通过大棚种植完成脱贫致富，现在村内的贫困户均是因为年龄大或者丧失劳动力而没有收入来源，国家通过发放资金补助帮助他们完成了脱贫（年收入超过 5000 元）。贫困户很高兴地介绍说，村镇人员每月都会定期前来探望，帮助装修房屋，改善环境。产业脱贫与国家补助双管齐下，当地脱贫任务顺利完成。

走访完村镇后，我来到了寿光市蔬菜博览会和中国·寿光农产品物流园，感悟寿光整体发展变化。寿光市蔬菜博览会至今已成功举办 21 届，对国内外农业产生了巨大影响。2020 年，由于疫情影响，寿光市创新性地开展了线上蔬菜博览会，让人们足不出户就可在家免费观看。农产品物流园中车来车往的运输景象更是给我留下深刻印象，它是全国蔬菜果品交易市场、蔬菜集散中心、价格形成中心、信息交流中心和物流配送中心。农产品物流园在疫情中也作出了不可磨灭的贡献。疫情暴发后，寿光调集各蔬菜市场保证蔬菜供应。2020 年 1 月 28 日中午，15 辆满载 20 余种新鲜蔬菜的卡车从寿光驶向武汉，这是寿光市向武汉捐赠的首批蔬菜，共计 350 吨。此后每隔 10～15 天，寿光就会提供600 吨质优价廉的蔬菜。寿光之所以能在疫情期间持续对外输出大量农产品，靠的就是冬暖式大棚的高产出、高效益。这不仅解了武汉封城造成蔬菜短缺的燃眉之急，也在全国树立了良好的寿光形象。大棚蔬菜产业已成为寿光的城市名片。

习近平总书记说：我们比历史上任何时期都更接近中华民族伟大复兴的目标，比历史上任何时期都更有信心、更有能力实现这个目标。是啊，通过两天的走访，我将书本所学与实地实践紧密结合，切身感受到大棚蔬菜产业对脱贫攻坚的助推力，更加坚定实现中国梦的信心。试想，我们中华民族复兴的伟大目标，不就藏在淳朴菜农的锄头间、菜博会游客的目光里、农产品物流园贸易中、14亿中国人民的汗水中吗？

（文/张继正）

小康冲刺正当时，健康脱贫助收官

今年是脱贫攻坚决战决胜之年。健康扶贫是脱贫攻坚的重要组成部分，而受历史遗留因素和现实因素影响，我国在健康脱贫领域尚面临严峻挑战，也制约了全面建成小康社会的步伐。

山东大学成仿吾英才班"语闻"调研团便从这一角度出发，以城市贫困人口的健康需求和农村地区卫生健康的供需匹配问题为两条主线，对当前健康扶贫领域取得的显著成绩及其存在的问题进行系统的调查研究。我作为团队的队长，深感责任重大。我主要负责的工作主要有以下几个方面。

一是做好队长工作，统筹实践调研总体工作安排及时间规划。作为团队的队长，宏观统筹推进调研工作顺利有序进行是我的第一要务。"细致"是我感触最深的一个词。社会实践活动看上去简单，却涉及方方面面的内容，如立项结项材料撰写、线下实践点联络、线上资料搜集、队员任务分工、新闻稿媒体宣传等，这些繁杂的工作都需要队长去细致地理顺。由于我对统筹工作有一定的经验，所探索制作的工作台账、信息反馈表等工作表格帮助推进了社会实践活动，由此也赢得了大家的好评。

此外，我还主持搜集团队的调研资料，做好资料的归类和整理，主持召开线上会议，其他行政工作也是我义不容辞的职责，同样给我带来了不小的挑战。当然，手握“细致”这一大法宝，加上积极和队员们沟通和交流，遇到的问题都迎刃而解。总的来说，此次社会实践调研工作进展非常顺利。

二是线上线下齐发力，做好社会实践调研。作为调研团的一员，亲身参与社会实践调研自然是我的本业。线下实践方面，我来到了山东省淄博市博山区桃园村，通过问卷和半结构式访谈形式，深入了解了农村普通群众对国家“健康扶贫”政策的切身感受。村民们的热情配合让我倍感欣慰，或许他们中有的人并不知道“健康扶贫”这个大的概念，但是在医疗补助、大病保险、卫生室建设等一个又一个小话题中，他们对现行政策的满意是说在嘴上、写在脸上、乐在心里的。正如我在山大日记里写的那样：“这种溢出的幸福感，不正是最大的善政吗？”

线上实践方面，我同队员们一起就健康扶贫的概念、现状、成就、存在问题等方面进行了文献数据资料搜集，多次主持修改完善针对不同主体设计的调研问卷。我们通过线上问卷的方式就城市群众对健康脱贫政策的了解情况进行调研，并对搜集到的数据进行交流讨论、分析总结，撰写结项材料。

习近平总书记指出：“政策好不好，要看乡亲们是笑还是哭。”正是通过这样的亲身实践，我深切感受到国家健康扶贫取得的显著成果，这次调研的结果无疑也正是千千万万户农村百姓真正感受到政策温度、健康贫困问题日益解决的一个缩影。

（文/孙一昊）

第二话｜沂蒙：扎根大地，树高千尺不忘根

【编者按】 临沂是全国著名的革命老区，是中国革命战争时期重要的革命根据地，这片红色的土地上诞生了无数可歌可泣的英雄儿女。在长期的革命实践中，沂蒙人民和山东党政军一起，水乳交融、生死与共，共同铸就了伟大的沂蒙精神。山东大学成仿吾英才班培养人才十分注重实践教学，主要通过红色革命教育基地的实践活动与现场教学，加深学员对马克思主义中国化的理解，以提高其理论应用能力、政治素养，成为可以担当民族复兴大任的时代新人。为此，山东大学成仿吾英才班于 2020 年 10 月 3～4 日开展了以“追寻沂蒙精神，触摸红色记忆”为主题的国庆实践教学活动。

红色基因代代相传，沂蒙精神历久弥新

“沂蒙那个山上哎，好风光……”每当这熟悉的旋律萦绕耳畔，沂蒙厚重的历史便似穿越时间长河，重现于我们眼前。临沂市古称琅琊郡、沂州府，其历史可上溯至2500多年前，是山东省历史文化名城。在抗日战争和解放战争时期，临沂市是著名的革命根据地，是山东解放区的首府，陈毅、粟裕、罗炳辉等老一辈无产阶级革命家都在这里战斗、生活过，留下了大量的革命遗迹。为更好地传承沂蒙精神，让马克思主义在时代变迁中引领青年思潮，培育有理想、有担当的新一代青年，使其成为坚定理想信念、练就过硬本领、投身强国伟业的青年马克思主义者，2020年10月，山东大学成仿吾英才班组织第四期的30名“小青马”踏上了临沂这片厚重的土地，开启了为期两天的国庆实践教学活动。

沂蒙精神：书写在红色故土的忠诚与担当

你知道什么是沂蒙精神吗？为什么在艰苦的战争年代沂蒙人民能够坚定地跟党走？今天如何结合时代要求继续弘扬沂蒙精神？这“沂蒙三问”的答案，需要我们从此次沂蒙之行中细细探寻。

“携来百侣曾游，忆往昔峥嵘岁月稠。”到达目的地的第一天，我们聆听了临沂市委党校王成娟老师所作的“沂蒙精神与共产党人的初心与使命”专题报告。报告贯穿古今，全方位、多层次地为我们阐释了这片土地上生生不息、代代相传的沂蒙精神，引领我们打开历史的大门。

"一方水土，养一方人"，沂蒙精神从历史中走来，构成了沂蒙地区深厚的历史底蕴；兼受鲁、齐、楚文化的融合滋养，从沂蒙辉煌的文化中孕育出来，形成了沂蒙人独特的文化性格；战天斗地、艰苦创业，沂蒙精神从前辈的革命奋斗中铸就，构建了沂蒙不朽的历史丰碑。

如果说理论的讲解不能满足"小青马"们对知识的渴望，那么根据沂蒙红嫂真实英雄事迹制作的电影《沂蒙六姐妹》做到了。该影片生动地呈现了战争年代的英雄史诗。大音无声，大爱无边，她们是战争年代沂蒙老区涌现出的英雄群体，每个人身上都有着朴实无华的革命精神。她们当中有的是得知丈夫牺牲，主动承担起家庭重担的妻子；有的是没有饭吃也要筹集粮食支援前线的母亲；有的是面对着满门忠烈，无怨无悔的老人……在孟良崮战役中，她们用自己瘦弱的肩膀，搭起了一座座坚实的桥梁，全身浸泡在冰冷的河水里，不顾自身安危，让战士们踏在肩上的木板顺利过河。

浮动的光影将"小青马"们对沂蒙精神的思考带回了那个战火交加的年代，鲜活的历史史实和生动的人物典型将"党和人民水乳交融、生死与共"的沂蒙精神有力地传递给了在场的每一位"小青马"。同学们深深为以六姐妹代表的沂蒙老区军民团结奋战的事迹打动，情至深处，是"小青马"们黑暗中的低头不语和潸然泪下。她们难道不思念亲人吗？她们难道不害怕死亡吗？不，她们想念、她们害怕，但是她们更知道民族大义的重要性。

习近平总书记说道："革命胜利来之不易，主要是党和人民水乳交融，党把人民利益放在第一位，为人民谋解放，人民跟党走，无私奉献，可歌可泣啊！沂蒙精神要大力弘扬。"沂蒙精神绵长如沂水，高耸冠岱蒙，与日月同在，与星辰共存！

孟良崮战役纪念馆:英雄史诗,荡气回肠

第二天上午,仿吾班的同学们来到了孟良崮山脚下。1947年5月,华东野战军在陈毅、粟裕的指挥下,在这里一举歼灭国民党精锐部队——整编七十四师,击毙该师师长张灵甫,扭转了华东乃至全国的战局。

青山绿树掩映下露出了孟良崮战役纪念馆的轮廓。孟良崮战役纪念馆建于1984年,“山”字结构,恢宏壮阔,耸立于大崮顶之巅的白色碑身,分外引人注目,建筑外墙上镶嵌着的194700颗子弹壳像是在述说着烈士英勇的事迹和血与火的革命历史。

从门厅到战役厅,再从支前厅到英烈厅,最后到双拥厅,我们穿梭在纪念馆中,感受着前辈们在艰苦条件下奋勇杀敌的壮志豪情与无私大爱。一张张泛黄的旧相片、一份份战斗地图、一件件革命文物静静地陈列在那里,它们不会说话,却以无穷的力量震撼着在场的每一个人。参观完孟良崮战役纪念馆,我们也明白了当年战役能够以少胜多、以弱胜强的原因:千千万万指战员和战士凭借着“为有牺牲多壮志,敢叫日月换新天”的勇气一往无前,沂蒙地区百万老百姓用“最后一口粮当军粮,最后一块布做军装,最后一个儿子送战场”的军民鱼水情进行后方支援。有为人民着想的政党、心头怀着大爱的人民齐心协力,敌军焉得不败,我军焉得不胜?

纪念馆后面是烈士墓地,墓地正中是粟裕将军骨灰撒放处,其后是烈士英名塔,塔身镌刻着在孟良崮战役中牺牲的2800多名烈士的姓名,墓区内埋葬着烈士们的遗骨。

心中饱含着崇高敬意,我们肃穆地站在粟裕将军骨灰撒放处、上千无名烈士墓碑前,郑重地向英雄敬献花篮并鞠躬宣誓。在领誓人深情

的讲述中，陈若克在刺刀下不屈的身影浮现在我们眼前，泪水悄然润湿了我们的眼眶，我们一字一铿锵地表达着对英雄的缅怀。铮铮誓言的背后，是我辈担当，是我辈责任！

星火之芒足以烧起燎原之火，镌刻在丰碑之上的精神，是永不消匿的，只会随时间的消逝而升华，熠熠生辉。

沂南马牧池红嫂纪念馆：水乳交融中的无私大爱

沂蒙军民水乳交融，党对群众的好，沂蒙人民看在眼里记在心里，以更加淳朴的感情涌泉相报。马牧池是沂南县的一个小村子，至今仍然保留着抗战时期的村落风貌，就是为了铭记那些为了战争无私付出的伟大沂蒙人民。

深深的山坳里，青石板路、石头垒起的院墙、石砌的台阶……沂蒙山最多的，除了纯朴的民风、山上挺立的松树，就是坚硬的石块。村子里的红嫂纪念馆系用石块垒砌而成，看上去坚固而结实，这里是中国唯一一处以普通群众为主题的革命纪念馆。而"村村有烈士，家家有红嫂"，便是这个村子真实的写照。每一个角落、每一栋房屋都书写着战争年代里的感人故事。

可红嫂是谁呢？"红嫂"并不是一个人，而是革命战争年代里舍生忘死、无私奉献的沂蒙妇女共同的名字。它来自抗战时期发生在沂南县的一个真实的故事。1941 年 11 月，农家哑妻明德英在村子里发现了一名遍体鳞伤的小战士，小战士因负伤流血过多昏了过去，周围又没有水源，她打破封建束缚，毅然将自己的乳汁喂进小战士干裂的口中，救活了小战士……1960 年，著名作家刘知侠根据这个故事创作了短篇小说《红嫂》，之后小说被改编成京剧、舞剧和电影等艺术作品在全国传播。这份大仁大义与慈母情怀感动了无数人，"红嫂"也在全国范围内为人所熟知。

走在古朴的村落里,回首峥嵘岁月,一幕幕红嫂的革命事迹浮现在眼前,她们是用乳汁救活负伤战士的明德英,是牺牲了自家骨肉而呵护41个革命后代成长的沂蒙母亲王换于,是带领妇女用身躯架起桥梁的"火线桥"队长李桂芳,是喊着"谁第一个报名参军就嫁给谁"的宋炳锋……在长达12年的人民战争中,"当向导、送弹药、送粮草、烙煎饼、洗军衣、做军鞋、护理伤病员",她们用柔弱的臂膀扛起了家庭和革命的重担,用青春、热血和生命,创造了历史,感动了世人。英雄已去,但其背影却证明了民族的正面!

陈毅元帅在回忆时曾深情地感叹道:"我就是躺在棺材里也忘不了沂蒙山人。他们用小米供养了革命,用小车把革命推过了长江!"战争,没有让沂蒙山的女人们走开,她们虽然大部分没有多少文化,讲不出人生哲理,写不出锦绣文章,但她们懂得真正的大爱,心怀舍生取义的家国情怀。

巍峨秀美蒙山景,天高地厚沂水情。习近平总书记在临沂考察时指出:"沂蒙精神与延安精神、井冈山精神、西柏坡精神一样,是党和国家的宝贵精神财富,要不断结合新的时代条件发扬光大。"现如今,战火纷飞的年代已经远去,弥漫在战场上的硝烟也已经飘散。在和平年代里,在这个物欲横流的世界中,我们更加需要这种力量,指引我们继续吹响努力奋斗的号角。

沂山脚下,弥水河畔,沂蒙精神,历久弥新,烈士之风,山高水长。作为新一代青年人,传承沂蒙文化,弘扬红色精神,是时代提出的新命题,成仿吾英才班的同学们也将牢记沂蒙土地上的坚守与担当,将精神熔铸于血脉,不忘初心、奋发向上!

(文/毕欣雨)

遥望一座山

每个人心里都有一座山，为自己撑起了一方天地，这座山需要精神给予它生命，滋养它的方式，有时是遥望另一座山。

2020 年 10 月 3 日，一辆大巴车颠簸了三个半小时，将我们带到了沂蒙红色老区。在为期两天的研学活动中，我们通过听讲座、观看电影、参观孟良崮战役纪念馆、红嫂纪念馆这些实践形式，全面而深入地感受了革命老区深厚的红色底蕴。

“最后一口粮食当军粮，最后一块布做军装，最后一个儿子送战场。”沂蒙老区的乡亲们用“水乳交融，生死与共”的沂蒙精神支撑起了孟良崮大捷，支撑起了党的伟大革命。

孟良崮战役纪念馆的外墙凹凸不平，墙里子弹密布横斜；红嫂纪念馆里，一幢幢传统建筑无声地讲述着峥嵘岁月中的感人故事。村主任带头、全村抗日，母亲拆掉仅剩的一件外衣里子给战士做鞋，老妇人自愿抚养战士后代，红嫂用乳汁救战士、用肩膀搭桥梁……黑白照片中的面孔大多有些模糊，却多是笑着的，无论是即将奔赴前线的战士，还是全心全意支持战士们的淳朴百姓。战火纷飞中，军民一心，始终不曾放弃希望，凭着那份坚毅执着，靠着红色的精神，携手共同创造了一个奇迹——中国，站了起来。

在参观红嫂纪念馆的时候，极目远眺尽是苍翠欲滴。我突然意识到，在七十余年前，就在我刚走过的山路上，有过一支部队，用鲜血换来了一次重大的胜利，也许我脚下的土壤曾经被那些年轻的血液浸透，静谧的林间曾经被冲锋的呐喊震悚,也许就在我所站的位置,就曾经有一颗子弹呼啸而过,曾经有过弹片落下。那一刻,我被这座山震撼了,七十年时过境迁,英烈们已安息,这片热土已无战火纷飞,这座山还在这里,静静地注视着她曾经负重前行的孩子,将静好岁月交付给他们的孩子,她不说话,却知晓一切。

这只是一座山,一座普普通通的山,但因为她见证过鲜血与死亡,因为她曾经是战场,她又是那么不同。这座山上,有沂蒙精神,有孟良崮大捷,有七十余年前的军民一心,有七十余年后战士们的后辈对历史和对他们精神的崇敬。这座山所承载的革命精神,在每个曾经踏上这片土地的人心中都矗立起一方巍峨的丰碑,人走了,带不走脚下的土地,却带走了心中的一座山峰。

每个中国人心里都有一座山,那座山,可能是沂蒙山苍翠延绵,可能是井冈山红旗不倒,可能有孟良崮七十余年来的沧海桑田,可能于西柏坡目睹涅槃重生与盛世华章。那一座座山就这样静静地矗立在我们的心里,不声响,不言语,却以万仞之高撑起一腔赤诚,以千钧之重洒下浓重的红色。

遥望一座山,遥望一座曾浸透鲜血的山,遥望山上不朽的英魂,远处的青山滋养了山脚下远望人的心,七十多年前抗住炮火负重前行的英雄,能在你我的心里,燃烧出浓烈而鲜艳的中国红。

(文/赵颖颖)

沂蒙英烈，吾辈不忘

两天的沂蒙之行，我感触良多。小小一方水土孕育出无数果敢无畏的人民，感人至深的故事至今仍在不断流传，伟大的沂蒙精神正在为越来越多的人所了解和学习。

经历了几个小时的颠簸，我们到达了临沂。稍事休息后，我们便开始了正式的教育教学活动。首先，我们先进行了以沂蒙精神为主题的课程学习。在学习前，老师用三个问题导入，即什么是沂蒙精神？为什么在艰苦的战争年代沂蒙人民能够坚定地跟党走？今天如何继续弘扬沂蒙精神，沂蒙精神的时代价值在哪里？我想这三个问题就是此次之行我需要解开的谜题。

在接下来的三个小时里，授课老师对七十多年前发生在这片土地上的故事娓娓道来，从沂蒙精神的内涵讲到沂蒙大地的历史及其战略地位，从孟良崮战役的局势讲到民众的渊子崖保卫战，伴随着她的话语，一幕一幕的画面浮现在我的眼前，江泽民同志曾把沂蒙精神解释为："爱党爱军、开拓奋进、艰苦创业、无私奉献"。习近平总书记到这里考察时说道："军民水乳交融、生死与共铸就的沂蒙精神，对我们今天抓党的建设仍然具有十分重要的启示作用。"沂蒙精神的内涵似已清晰了起来，"党和人民水乳交融、生死与共"是最贴切不过的形容了。

随后我们一起观看了电影《沂蒙六姐妹》，这是十几年前的老片子了，虽然我们离这些电影和故事中的那个年代非常遥远，但是依然被这老片子老故事深深打动，不可否认的是，它们拥有着经久不衰的感染力。故事改编自真实故事,六姐妹的故事可谓感人肺腑,前线打仗,后方支援,“火线桥”是妇女老幼用肩膀搭建的,士兵后背上的军粮是百姓省下的口粮,参军的成员是每家每户的支柱,在小我与大我之间取舍,将自我奉献于民族,这就是沂蒙人民的精神与气魄。当电影最后“满门英烈”四个黑字出现时,情感到达高潮,不觉之间,眼泪在眼眶里积聚落下。我想,战争胜利的必然因素一定是军民同心,携手共进。

第二天一早,我们来到了孟良崮战役纪念馆。纪念馆建筑恢宏壮阔,设计匠心独运,“山”字,只消遥遥一瞥,便觉一股正气之风袭来。纪念馆里,导游详细介绍了孟良崮战役的背景、双方实力对比、局势分析,我们对孟良崮战役有了更加清晰的认知,烈士事迹和红色碑文无不述说着那段血与火的革命事迹。

秋高气爽,风起云涌,我们肃穆地站在粟裕将军骨灰撒放处。陈若克与她的孩子的故事回响在耳边,话语中刺刀下不屈的身影在脑海中浮现,悲悯的情绪在心头涌动,三鞠躬是向率领八路军为百姓的将帅致敬,是向为了胜利而奉献青春的战士们致敬,是向所有在后方支援的平凡却伟大的人民致敬!

下午我们来到沂南县红嫂故里景区,红嫂的故事就藏在这个村子的各个角落,每一间房子里都有军民血肉相融、无私奉献的故事。用乳汁救活了八路军伤员的“沂蒙红嫂”明德英,自己家四个孩子因照顾不周而不幸夭折,抚养42名革命后代的“沂蒙母亲”王换于;拥军支前的“沂蒙六姐妹”……她们不是一个人在战斗,而是代表着一个英雄群体。从抗日战争到解放战争,沂蒙红嫂几乎承担了作战部队的所有后勤工作,315万双军鞋、122万件军衣,米面1亿多斤,动员参军参战20余万人,救护病员6万余人,掩护革命同志9万多人,瓦解地方反动武装9.8万人……王树增在《解放战争》中写到沂蒙地区的人民时感慨道:“他们推着独轮车,挑着扁担,或者用自己的肩膀,把部队作战需要的多达亿万斤的粮草、弹药和物资，全部承载起来。部队前进一步，他们便跟着前进一步。"陈毅元帅曾说道："我就是躺在棺材里也忘不了沂蒙人民，他们用小米供养了革命，用小车把革命推过了长江！"沂蒙人民用爱与奉献滋养革命精神，这或许就是沂蒙精神在今天依然闪耀的重要原因。

我看着小村庄里民风朴素，百姓其乐融融，阳光从树梢洒下，无比明朗，心头滋生无限感慨：这就是前辈们用鲜血换来的幸福生活，这就是用小车推出的小康大道啊。八百里沂蒙，一片红色热土，革命战争年代，百万沂蒙人民拥军支前，十万英烈血洒疆场。沂蒙六姐妹、沂蒙母亲、沂蒙红嫂以及无数可歌可泣的英雄儿女的故事代代流传。诚哉斯言！"沂蒙精神与延安精神、井冈山精神、西柏坡精神一样，是党和国家的宝贵精神财富！"

经过两天的实践调研，我对沂蒙精神有了更深刻的理解，烈士之风，山高水长。熠熠生辉的沂蒙精神，是写在这方水土上的忠诚与担当，它所孕育的力量指引着老区人民不忘初心，激励着一代又一代青年奋发向上，让沂蒙精神在新时代焕发出新的光彩，让新一代人民谱写新的辉煌！

（文/毕欣雨）

脚踏沂蒙大地，"小青马"砥砺前行

伴随着车上的欢声笑语，为期两天的沂蒙精神教学实践活动在我们的不舍与留恋中画上了圆满的句号。双节同庆的欣喜,同班同学的情谊,水乳交融的精神,感人肺腑的故事……一切仿佛还在眼前,难忘与感动,是我对这次实践教学最深的感悟。

经过四个小时的车程,我们顺利到达了目的地——临沂市沂南县。短暂休息调整后,下午先是举行了山东大学成仿吾英才班四期开班仪式,之后便开始了以“沂蒙精神”为主题的课程学习。通过聆听讲座和观看电影,我们对“沂蒙精神”有了初步的了解。“党和人民水乳交融、生死与共”的沂蒙精神是党和国家的宝贵精神财富,它体现在党领导人民进行革命的伟大征程中,流淌在沂蒙人民无私奉献奋勇抗争的历史长河里。《沂蒙六姐妹》电影让人潸然泪下,临沂人民最淳朴的革命精神就是对沂蒙精神最伟大的诠释。

迎着清晨的朝阳和凉爽的秋风,我们一起奔赴第二个实践教学地点——孟良崮战役纪念馆。孟良崮战役是解放战争时期一次重要的山地运动歼灭战,孟良崮战役的胜利,是毛泽东军事思想的伟大实践,是华野广大指战员英勇作战、山东解放区人民全力支援、地方武装积极配合的结果。一幅幅照片,一段段文字,一座座雕塑,无一不生动诠释了孟良崮战役的激烈与残酷。在参观完纪念馆后,我们来到粟裕将军骨灰撒放处,重温入党誓词,敬献花篮。洁白的五角星静静地躺在庄严肃穆的墓碑上面,再多的言语也不足以表达我们对革命先烈的敬佩与感激之情。

午餐过后,我们来到了第三个实践教学地点——沂南马牧池红嫂纪念馆。这个纪念馆非常特别,与其说是纪念馆,不如说是一个充满历史文化底蕴的沂南村庄。展厅藏在一间间泥土房中,与街道上充满沂南韵味的村民生活与文化表演和谐共存着。历史与现代交织在静与动之中,默默地感动着我们。沂蒙红嫂“乳汁救伤员”、用身躯搭建“火线桥”、舍弃自己的孩子抚育烈士子女……一位位红嫂的事迹,在最平凡的地方，散发着最耀眼的光芒。

沂蒙精神是一尊不朽的丰碑，以党和人民的名义书写辉煌；沂蒙精神是一座闪耀的灯塔，以历史的名义昭示后人；沂蒙精神是一面光辉的旗帜，以坚定的理想引领未来。

两天的实践活动，我们从拘谨到团结，从茫然无知到感触颇丰，点点滴滴都是难忘的回忆。天边的夕阳渐渐铺满了辽阔的沂蒙大地，照亮了我们返程的路，虽然短暂的旅程已告结束，但中国革命的不朽精神将会照亮未来前行的路！

"青马"奋蹄，我们不断前行！

（文/赵晓熙）

水乳交融：沂蒙精神永相传

在这秋风送爽、硕果飘香的金秋时节，我们怀揣着太多的不舍和留恋，统一乘车由临沂返回济南，为期两天的山东大学成仿吾英才班"不忘初心，牢记使命"沂蒙精神专题实践教学活动就这样结束了。虽然此次实践教学的时间较短，但我们收获满满，不虚此行。这既是一次重温沂蒙历史、缅怀革命先辈之旅，又是一个系统学习和深入理解沂蒙精神的宝贵契机。

大巴车来到一个陌生的地方，在曲折的路上绕来绕去。车子来回改变方向，让我陡生疑惑。我这是在哪里？这里就是我们的沂蒙山区吗？脚下就是革命先辈曾经浴血奋战守护的那片土地吗？一系列疑问在我心中回荡,我期待着接下来两天的学习,能为我提供更好的解答。

到达目的地之后,眼前一片宁静祥和的景象,我们所在的地方好像从未发生过激烈的战斗,周围村子里的孩童在这里嬉戏玩耍,他们的脸上只有灿烂的笑容。安顿好以后,我们在下午进行了开班式和理论教学。开班式简洁而庄重,理论教学有深度也有内涵。为我们讲授理论学习内容的老师,为我们回答了“沂蒙精神到底是什么”的问题。沂蒙精神并不是在战争年代提出来的,甚至也不是新中国成立以后很短的时间内提出来的,它的提出有着特殊的时代背景。在20世纪80年代末90年代初国际国内大背景下,沂蒙精神为我们开启了一个新的理解革命战争年代党和人民关系的窗口。坚定不移跟党走,是沂蒙精神的重要内涵,但是这并不是沂蒙精神的全部,沂蒙精神更多的是党和人民水乳交融,党把人民利益放在第一位。正如老师所言,沂蒙精神可以分为两个方面:一是党为人民谋利益、谋解放;二是人民坚定跟党走,无私奉献。

第二天,天气转凉,同学们都早早换上了厚衣服,准备集合奔赴当天的第一个实践教学点——孟良崮战役纪念馆。孟良崮战役是解放战争史上的一次关键战役。在纪念馆里,一件件实物,一张张照片,既反映了解放军浴血奋战、英勇无畏的故事,又诠释了感人的军民鱼水深情。讲解员声情并茂的讲解仿佛又使我们回到了那个战火纷飞的年代。在粟裕将军骨灰撒放处,我们为牺牲的革命先辈敬献花篮,九十度的三鞠躬中蕴含着同学们对先烈的崇高敬意和深深缅怀。

午餐过后,仿吾班“小青马”们又前往下一个实践教学点——沂蒙红嫂纪念馆。展厅一间又一间,事迹一个又一个,我们被红嫂的感人事迹深深触动。沂蒙红嫂用乳汁救治伤员,用身躯架起“火线桥”,即使牺牲自己的骨肉也要坚持养育烈士的后代,伟大的沂蒙红嫂是真正的最可爱之人、最可敬之人。

"最后一口粮当军粮，最后一块布做军装，最后一个儿子送战场。"这两个实践教学点都是沂蒙精神最生动的写照。习近平总书记视察临沂时说道："革命胜利来之不易，主要是党和人民水乳交融，党把人民利益放在第一位，为人民谋解放，人民跟党走，无私奉献，可歌可泣啊！沂蒙精神要大力弘扬。"诚哉斯言！沂蒙精神值得大力弘扬。

我们脚下的这片土地是用鲜血染红的，但是时过境迁，我们还能记得那些曾经让我们为之动容的沂蒙红嫂与战士的故事吗？时代在不断发展，我们弘扬沂蒙精神，不是希望让战争期间沂蒙地区发生的事情重演，而是希望我们能体会到沂蒙精神中所蕴含的党和人民同甘苦、共患难的初心和使命。一个政党如何能够得到人民的拥护？如何能够不辜负人民的期待？这就需要始终将人民群众的利益放在第一位，就需要时时刻刻为人民群众考虑，为人民群众谋福祉，就需要将自己的一腔热血挥洒在这片炙热的土地上，与人民同呼吸共命运。

作为新时代的青年马克思主义者，我们不应当做旁观者，而应当做践行者，践行党为人民服务的初心和使命。行走在中国大地上，我们每时每刻都能感受到真实的中国温度，每时每刻都能够看到听到身边人民群众生活的点点滴滴，通过发达的互联网，我们能够了解到世界上发生的大事小情，感受到国际风云的变幻。沂蒙精神就在我们手中传递，就在我们日常生活中点滴小事的抉择中传递，我们不需要做惊天动地的伟业，只需要用一颗真实的心去感受去体验这个跳动着的世界，尽职尽责，责任担当，这就是我们的行动宣言。

夕阳西下，大巴车渐行渐远，在夺目绚烂的夕阳里，我们依依不舍。转身回味，这两天的实践经历深深地烙在了我们的心头。前路漫漫，我们这些仿吾班"小青马"正以青春之火在民族复兴的伟大征程中奋蹄向前。新时代，我们将高举沂蒙精神的旗帜，以实际行动践行不屈的人民誓言。愿以吾辈之青春,守护这盛世之中华。

带着先辈期许,我们重整行装再出发!

(文/郭力源)

革命史永不忘　爱国志薪火传

“人人那个都说哎沂蒙山好,沂蒙那个山上哎好风光。”2020 年 10 月 3～4 日,伴着悠扬的沂蒙山小调,我们山东大学成仿吾英才班学员来到了沂蒙开启了一场深入人心的红色之旅。今年注定是不平凡的一年,在即将决战决胜脱贫攻坚、全面建成小康社会的关键时刻,突如其来的新冠肺炎疫情扰乱了我们正常的工作和学习。但是面对来势汹汹的新冠肺炎疫情,我们并没有畏惧也没有退缩,在中国共产党的坚强领导下,我们取得了最终的胜利。我一直在想,究竟是什么支撑着广大共产党员不惧个人安危,毅然投身抗疫一线?又是什么让人民群众坚定地围绕在党中央周围,坚决拥护党中央的决议?这次红色之旅给了我答案。

循着先辈的红色足迹,我们参观了孟良崮战役纪念馆和沂蒙红嫂影视基地。在孟良崮战役纪念馆中,一张张珍贵的历史图片,一个个触目惊心的数字,无不在向我们诉说着这场战役的残酷。面对装备优良又人数众多的敌人,我们的人民军队没有退缩,而是凭借艰苦卓绝的斗争精神最终取得了胜利。但是我们付出的代价也是惨痛的,纪念馆的后面长眠着 2800 多名烈士,正是他们的牺牲为我们换来了长久的和平。走出纪念馆,走下台阶时猛然发现纪念馆与后面的纪念塔竟组成了一个巨大的"山"字，仿佛在告诉人们，在这里牺牲的烈士们仍在保卫着这片他们深爱着的土地。

"蒙山高，沂水长。军民心向共产党，心向共产党。红心迎朝阳，迎朝阳。"这首《沂蒙颂》唱出了沂蒙人民对中国共产党的赞颂。在参观沂蒙红嫂影视基地时，我被军民之间的深厚情谊深深地触动。在战争年代，沂蒙山区有一个伟大的母性群体，无论是用乳汁救活伤员的明德英，还是抚育大批革命后代的张淑贞，她们送子参军、送夫支前，缝军衣、做军鞋、抬担架、推小车，舍生忘死救伤员。最令我感动的是"永远的新娘"李凤兰的故事，即使是从未曾见过自己的丈夫，即使等待多年等来的是一张烈士证，她也没有抱怨，在有人劝她改嫁时，她说："我不能走，我要是走了这个家就散了。"李凤兰的故事其实是众多红嫂故事的缩影，在广大的沂蒙地区，她们把"最后一口粮当军粮、最后一块布做军装、最后一个儿子送战场"，谱写了一首首感人的史诗。在倡导军民融合的当下，我们应该发扬这样的沂蒙精神，支持军队工作，报效祖国，让沂蒙精神永流传。

通过这次红色教育，我明白了为什么中国共产党人可以取得最后的胜利，为什么在沂蒙地区人们可以爆发出空前的支前热情。其实靠的就是"水乳交融，生死与共"，这也是习近平总书记考察临沂时所概括的沂蒙精神。同时，我也明白了什么是中国共产党人的初心和使命，人民的信赖与支持不是无缘无故的，只有真正做到替人民着想、为人民服务，人民才能像水一样托举起中国这艘前进的巨轮。我们这一代青年人生活在和平年代，可能永远没有机会走向战场，但是我们也应该维护和平、珍视和平。作为"小青马"的我们也要紧密团结在中国共产党的周围，积极学习、宣传马克思主义，树立中国特色社会主义共同理想和共产主义远大理想，为中华民族伟大复兴贡献青春力量，为实现中国梦奋斗终生。

（文/代鹏）

沂蒙精神为什么值得传承

我的老家,就在沂南,沂蒙山间、孟良崮下。小时候我就听过“沂蒙精神”,长久以来,我一直对它保持着一种因未知而生的朦胧的敬畏。今年国庆,我有幸作为成仿吾英才班的一员,以崭新的身份再度踏上临沂这片红色的热土,而我这次的目的,就是要在实践中一探究竟:什么是沂蒙精神?它为什么值得传承?两天理论和实践相结合的教学帮助我找到了答案。

第一天,临沂市委党校的王成娟老师为我们带来了生动而充实的第一课,也是在这堂课上我对沂蒙精神有了更深刻的认识。正如习近平总书记所说,沂蒙精神就是“党和人民水乳交融、生死与共”,而沂蒙精神“与延安精神、井冈山精神、西柏坡精神一样,是党和国家的宝贵精神财富”。在王老师的引导下,我们进一步了解到,沂蒙精神包含两个重要且互为补充的部分:党,要为人民谋利益、谋解放;而人民,要坚定跟党走,无私奉献。理论课让我们对沂蒙精神的内涵有了充分的理解,但此时我仍有一个疑问没有被解答那就是在中国特色社会主义发展进入新时代的今天,沂蒙精神为什么值得传承?

我在之后的实践教学里慢慢地找到了答案,而我相信这也是本次实践教学我的最大收获。从观看电影《沂蒙六姐妹》,到参观孟良崮战役纪念馆、革命影视教育基地和红嫂纪念馆,我的思路在一个个有血有肉的历史细节里越发清晰。

今天的沂蒙精神强化人们的奉献精神。第一个让我印象深刻的细节便是不论是在电影里还是在之后的孟良崮纪念馆、红嫂纪念馆内都被反复提及的"火线桥":村里的男人全部开往前线,村里仅剩妇女坚持支前。战士们前往孟良崮的路被湍急的河流斩断,妇女同志们二话不说,拆下自家门板跃入水中、搭起浮桥。刺骨寒流里,她们用肩把战士们扛过河。沂蒙精神里的奉献精神在一扛、一跃、一搭里展现得淋漓尽致。我想起今天在我们身边:虽有战士寒冬腊月坚守祖国西北边疆,虽有志士孤岛排浪捍卫南海国防,虽有模范夜以继日耕耘发展方向,但依然存在一定数目的精致的利己主义分子,利己主义思想仍在腐蚀着部分人的心灵,而沂蒙精神中的奉献精神也显得尤为可贵。

今天的沂蒙精神让人们坚守家国情怀。"最后一口粮当军粮,最后一块布做军装,最后一个儿子送战场。"这句在每个展馆都会被提到的话充分体现了沂蒙精神对"有国才有家"的精准诠释。自古忠孝难两全,电影里一位普通战士为了参加孟良崮战役点燃粮仓跑出来,在国难当前,在国家处于时代十字路口的关键时期,这种舍小家为大家的精神是时代所需要的。而在今天,我们依然呼唤着家国情怀。看到舍小家为大家的红嫂,我不禁想起在新冠肺炎疫情刚刚爆发时那些前往武汉抗疫一线的每一位母亲、妻子、女儿。她们是这个时代的缩影,是一个时代的家国丰碑,是沂蒙精神的传承者。

沂蒙精神代代传。临沂之行之后,我深刻地感受到这不是一句空话。沂蒙精神为什么要被传承?正是因为它在今天依然能够在爱国情怀、奉献精神等方面继续产生不可替代的积极影响。而我经过这两天的实践也更加坚信,沂蒙精神必然会永远传承下去,在未来继续发光发热。

(文/马中南)

第三话|枣庄：泣血山河，不忘初心使命

【编者按】 抗日战争时期，台儿庄是日军夹击徐州的首争之地。台儿庄大战的胜利，沉重地打击了日本侵略者的嚣张气焰，坚定了全国军民坚持抗战的信心。一寸山河一寸血，多少可歌可泣、波澜壮阔的故事在这里演绎，多少红色的火焰在这里升腾。红色基因，你我传承。怀揣着对历史的敬畏和时代的责任感，山东大学成仿吾英才班于 2021 年 4 月 17 日前往台儿庄进行了为期两天的红色文化实践教学活动。他们身临台儿庄大战纪念馆，感受中国人民不畏强敌、血战到底的气魄；他们前往铁道游击队纪念馆，聆听游击队员用生命守护祖国热土的动人故事；他们走近台儿庄古城，探寻古城如今轻柔温婉背后无数的铮铮铁骨，祭奠长眠于此的每一位烈士的英魂。回眸历史，每一位“小青马”都深刻体会到了无数革命先烈不惜献出生命、只为山河无恙的牺牲奉献精神，也将珍惜这份来之不易的和平，积极传承红色基因，并在其鼓舞下向前奋进。

红色基因,你我传承

2021 年 4 月 17～18 日,在校团委老师的精心组织下,山东大学成仿吾英才班四期学员开展了为期两天的实践学习,在实践中感悟革命精神,体会革命情怀。作为仿吾英才班的一员,我有幸参与其中,深有感悟。

"枣""石榴"都是红色,仿佛红色激情早就注定要流淌在这片土地之上,融进当地百姓的血液之中。正是这红色基因,让枣庄这片土地诞生了许多波澜壮阔、可歌可泣的故事,这里面最著名的便是台儿庄大战和铁道游击队。

台儿庄大战纪念馆气势恢宏,体现了中国人民不畏强敌、血战到底的气魄。纪念馆里一张张珍贵的老照片,好似饱经风霜的老者,静静地向我们诉说那段时光。几十万中国将士在这里同日寇生死搏斗,只是"为了不让我们的子孙后代做日本人的奴隶","争取民族的生存"。现在的台儿庄风景如画,运河两岸繁华依旧,这是 5 万余名中国将士用生命守护的呀！如果当时没有这些将士的浴血奋战,或许历史将就此改写。凝视着展厅里的烈士英名,我的心中泛起一句话:"英烈忠义后辈敬仰,革命精神永世难忘。"

"西边的太阳快要落山了,微山湖上静悄悄。"铁道游击队的英雄事迹广为传唱。注视着纪念馆中一件件珍贵的展品,聆听了它们背后的故事,我倍受触动。游击队员热爱群众,在战场上冲锋在前,所有游击队战士都是民族的英雄,是枣庄千千万万英雄儿女的写照。我深刻体会到了什么叫作“亦余心之所善兮，虽九死其犹未悔”。我们站立的地方叫中国，这片美丽富饶的土地，值得我们用生命去守护它。

不觉间，为期一年的仿吾班课程快要接近尾声了，在仿吾班学习的日子里，我学到了许多。通过参加学术讲座、进行理论解读、拍摄献礼建党百年视频，我对马克思主义在中国的发展、运用有了较为立体的感悟，对中国特色社会主义有了更深层次的理解，也更加坚定了对于马克思主义的信仰。在沂蒙和台儿庄红色教育基地实践学习的过程中，我深刻体会到了无数革命先烈为了祖国、为了人民不惜献出生命、只为山河无恙的牺牲奉献精神。在暑期和寒假的实践活动中，我将所学知识运用于实践之中，锻炼了能力，提高了本领。一年的学习虽快要结束，但仿吾班“青马” 绝不会停下脚步。仿吾求知无止境，“青马”扬鞭自奋蹄！

（文/代鹏）

一寸山河一寸血，步履铿锵向前行

“台儿庄”这个名字对每个中国人来说并不陌生。1931 年，“九一八”事变的爆发揭开了日军以武力侵华的战争序幕。由于中国内部力量早期的不平衡不团结以及蒋介石“攘外必先安内”的错误政策，日军吞并了东三省，1937 年卢沟桥事变后更是向华北地区挺进。日本侵略者叫嚣“三个月灭亡中国”。1937 年 12 月，济南、南京相继陷落。与此同时，扬州沦陷。而台儿庄地处苏鲁交界，是山东的南大门、南下徐州的最后一道屏障。台儿庄紧邻京杭大运河，自古以来便是南北漕运的枢纽。这样,台儿庄就成了日军夹击徐州的首争之地。

在历史教材中,台儿庄战役被定义为中华民族全面抗战以来继平型关大捷等战役后中国人民取得的又一次胜利,抗日战争以来取得的最大胜利,也是徐州会战中国民革命军取得的一次重大胜利。作为正面战场上与日军针锋相对取得胜利的一次重大战役,台儿庄大战挫败了"日军不可战胜"的神话,增强了全国军民共同抗战的信心,鼓舞了抗日军队的士气,维护了中华民族的尊严。

尽管此前学习这段历史时已经从课本的字里行间中大致感觉到这场大战的悲壮和浩大,但是亲自踏上这片土地,还是不由得生发出一种历史的伤痛感。

眼里的台儿庄与想象中的并不相同。春风习习,运河上碧波荡漾。和煦的暖阳下,绿意装点着的台儿庄轻柔温婉。点点渔船,袅袅花香,古朴的建筑与熙熙攘攘的人群,好一座"一幅清明上河图,十里画廊卷不住"的壮丽古城。初见倾城,再见惊鸿。沿着台儿庄的街道走走停停,你会发现,与江南古镇不同,台儿庄古城自有一番历史的厚重与壮美。如今的台儿庄古城是在战争之后重新修建的,然而这样一座秀美的小城,当初却遭到了战火的无情侵袭。漫步于街道,隐隐约约还能一窥历史的足迹。在一个不起眼的角落里,有一块满是弹痕的石壁。这块石壁不大,也只是村落里最常见的屋墙,但不大的地方上却密密匝匝地布满了弹痕。抚摸着这坑坑洼洼的石壁表面,仿佛也跟着它回到了那段艰苦岁月。这片土地上曾洒上了多少烈士的鲜血?! 在当时军备情况并不占优势的齐鲁大地上,一个个中国将士奋勇向前。如果没有他们艰苦卓绝的斗争,何来我们今天的幸福生活?

多元的文化在这里交融,历史与现实在这里叠加。在台儿庄的热土上,既有仿古的亭台楼阁,也有基督教堂的异域风情;既有曾经的伤痕累累,也有如今的负重前行。大刀上的斑斑锈迹,信纸上的点点血痕，无一不在诉说着那段历史。就让我们怀揣着这份历史的厚重，收拾好行囊，步履铿锵再出发！

（文/牛慧彬）

古城回响，那是对祖国深沉的爱

漫步在台儿庄古城的石板路上，喧闹的人群声从四面八方涌进来，街道两旁的店铺人来人往，四月的春风惹人遐想，一片祥和盛世的大好景象。可穿梭到八十年前的台儿庄，脚下的土地却是铺就着血与泪的人民抗争之地，和煦春光是洒在革命烈士肩头的阳光，清澈的运河里倒映着连天的战火。每思及此，我们就不由得低下沉重的头颅，叹服于人民与土地的力量。

“民众的力量完全和军队结合起来了，在战场上抢救伤员的是民众，帮助军队输送炮弹、粮食的也是民众。这些民众，完全是赤诚地表现他们的爱国热情，充分地担任起救亡的责任来了。”李宗仁如是说道。从气势恢宏的台儿庄大战纪念馆到古色古香的徽派古城，再到最后一站铁道游击队纪念馆，所到之处，被赞颂的不仅是在硝烟中用兵如神的将领和冲锋陷阵的士兵，还有无数朴素的人民。在日军犯下种种暴行的背景下，中国人的脊梁没有被恐惧与威吓压弯，依然扬起坚毅的眼睛，紧盯着、审判着这群冒犯者。我们站起来了，成百上千的矿工带着劳动留下的黑色印记与赤诚的心，用思想武装头脑，以实际行动拯救中国。

我仍记得，在游览台儿庄古城的过程中看到一块展示板上记录着抗日女英雄刘守玟的故事。牺牲时年仅18岁的她，15岁便考进了长沙周南女子中学，在抗日战争爆发时义无反顾地奔赴战场，忙碌在最危险的战争前线，夜以继日地抢救伤员。在台儿庄战役中，刘守玟亲眼目睹了连长被挥舞着军刀的日本军官砍伤致死，愤怒的她用力地将手边的大石块掷向那丑恶的嘴脸，但自己却被敌方流弹击中，因伤势过重救治无效死亡。花一样的青春年华，就这样凋落在保卫祖国的一线战火中，我们扼腕叹息，我们悲痛难已，却又叹服于她异于常人的勇气与毅力。身为医学生，我为刘守玟先烈英勇就义的事迹与不畏艰险的精神所深深感动。试问我们成长在和平年代的每一位青年，若国家处于危亡之际，你是否愿意冲上前方，铸成一道血肉城墙？

新时代的青年也有新的担当，在各自的岗位上发光发热，兢兢业业，带领不断发展的中国实现一个又一个中国奇迹。回望过去，让我们拂去历史的尘埃，凝神静听那碎语声，是期许，是嘱托，是吾辈青年要奋发自强的誓语，是对祖国赤诚的、深沉的爱。

（文/刘雪晗）

"仿吾"实践品历史，红色基因代代传

2020年4月17～18日，我随山东大学成仿吾英才班赴革命圣地台儿庄，参观了台儿庄大战纪念馆和铁道游击队纪念馆等具有历史教育意义的地点，获得良多感悟。这次实践充分回顾了中国共产党在山东

台儿庄地区组织革命队伍、领导工人运动、发展抗日武装的过程,是"学党史、强信念、跟党走"教育的生动体现。

4 月 17 日,我们经过长途跋涉,抵达台儿庄大战纪念馆,开始了对台儿庄大战历史的学习。在这里,我们了解到台儿庄大战的背景,以及抗日救亡将士不畏牺牲、为国奋战的高尚情怀。我被一个个故事打动,不论是亲兄弟一起上场杀敌,还是将军身先士卒,英勇拼搏,他们身上体现出的精神都令我击节而赞!我想,正是因为他们的流血牺牲,中国才不会也不可能沦亡于区区"三岛倭寇"之手。我更赞叹于中国共产党不计前嫌、一致抗敌的胸怀,周恩来、叶剑英的聪明才智、深谋远虑为中国赢得台儿庄战役发挥了无可替代的贡献。走出纪念馆,望着草坪上停放的现代飞机、坦克,望着公园中孩童的笑脸,望着台儿庄古城今日的繁华,我不禁湿润了眼眶。83 年前,正是因为一群像我们一样年轻人的牺牲,才换回今天的国富民强,我们又有何理由不珍惜今日的幸福生活呢?

第二天,我们驱车前往铁道游击队纪念馆,并于瞻仰铁道游击队战士纪念碑后,开始了对铁道游击队历史的学习。我们了解到,第一代共产党人,在一穷二白的情况下,在敌人的后方开展艰苦卓绝的游击战争,充分发动群众,作出了卓越的贡献,一次次以少胜多、以弱制强。我不禁追问,为何共产党能有如此顽强的生命力?我从沂蒙精神中找到了答案,正是这种军民鱼水情深的精神纽带,才使我党在绝境中一次次浴火重生,一次次战胜强敌。

红日初升,其道大光,站在"两个一百年"奋斗目标的交汇点上,我们比任何历史时刻都接近中华民族伟大复兴的伟大梦想!站在前人的肩膀上,我们更应该奋发有为,逐梦"十四五",凯歌奏华章!

(文/赵致远)

生生不息，薪火相传

台儿庄战役，又称"台儿庄大战""鲁南会战"或"血战台儿庄"。战役从1938年3月16日开始，至4月15日结束。战役由滕县战斗、临沂附近战斗、台儿庄战斗和日军的溃退、中国军队的追击作战等部分组成。在历时1个月的激战中，毙伤日军两万余人。此次大捷是全面抗战以来，继长城战役、平型关大捷等战役后中国人民取得的又一次胜利，是抗日战争以来取得的最大胜利，沉重地打击了日本侵略者的嚣张气焰，有力地坚定了全国军民坚持抗战的信心。

曾经这一段话，只是历史课本上的激扬文字，抑或是人们口口相传的革命故事，而红色的历史只有当自己亲眼看到才能有更加深刻的感悟。2020年4月17～18日，山东大学成仿吾英才班的"小青马"们又一次踏上了红色之旅，来到第二站——山东枣庄台儿庄。

"西边的太阳就要落山了，鬼子的末日就要来到……"耳边低声回响着歌声，目睹着台儿庄大战遗址与铁道游击队纪念馆承载的悲壮过去，我们仿佛又回到了那个硝烟弥漫的年代。残墙断壁上弹痕累累，保留下来的刀枪与单衣显示出人民军队的艰苦，封闭着的电报与"药方情报"提醒着我们这片土地上曾经发生过的事件，无数壮士的英名刻在远处的纪念墙上。在馆内肃穆庄严的氛围中，看着珍贵的影像资料，每个人的思绪都被拉回了那个战火硝烟的年代。历史是无声的，但是这段无声的可歌可泣的悲壮英勇的历史，却引起了每个人内心深处的呐喊。我们将永远无法忘却我国现代史上的这场第一次对日大捷，也永远会记得这场以我方的巨大牺牲换来的胜利与今日的和平来得是多么不易。

与纪念馆的庄严相反,在落日余晖与渐起的夜幕中,新建的台儿庄古镇一片灯火辉煌,昔日号称“天下第一庄”的千年古镇早已毁于抗日战火,在废墟上重建的古城人流熙攘,商贩叫卖声不绝于耳,导游在不厌其烦地介绍这里的江南风貌、文化碰撞。在微醺的暖风中,我想重建的目的不仅是发展经济与旅游业,更是为了吸引更多人走进枣庄,了解枣庄,重温那段难以忘怀的历史与勇敢的人们。

柳梢温柔,日光正好。耳边还是孩童的嬉笑,脚踩样式古朴但全新的青石砖地,而我的眼前却是一片红色,流动翻涌,带着士兵的一声声怒吼:“台儿庄就是我们全师官兵的坟墓!就是剩下一兵一卒,也要坚守阵地,任何人不得撤退!”

今天的和平与安宁意味着什么?我久久思绪难平。难道不是用战争、用血肉筑成的长城吗?历史不能忘却,爱国的热情与奋斗的决心必须生生不息,薪火相传!

(文/乔松源)

回望抗战烽火,传承红色基因

2020年4月17日,我们山东大学成仿吾英才班集体前往山东省枣庄市台儿庄区的红色教育基地进行实践学习。我们先后参观了台儿庄大战纪念馆和铁道游击队纪念馆,在老师和讲解人员的带领下,我们重温了"团结御侮，血战到底"的抗战精神，回顾了台儿庄歼灭战等一系列重大战斗，还拜谒了抗日英雄刘金山烈士之墓。

"实践出真知"，在这次台儿庄实地学习之后，我们对台儿庄战役、铁道游击队的历史有了更加完整深入的了解，对"抗战精神"的重要性也有了更为立体、更加直观的感受。从千疮百孔的"弹孔墙"，到高耸入云的纪念碑，每一处所见所闻都让我们感悟匪浅。从太平巷战、赤膊杀敌的死战到底到盐包工事、运河漂米的军民一心，从游击战、铁道战的抗战智慧到沙沟受降的慷慨豪情，每一次所感所悟都让我们受益良多。

"但使龙城飞将在，不教胡马度阴山"，在中华民族最危险的时候，从不担忧没有为国死战的猛士，从不害怕没有艰难挺起的民族脊梁。在台儿庄大战纪念馆，我了解到了太平巷巷战、活张飞赤膊夺敌炮的故事，在对将士们肃然起敬的同时，我也更加懂得了今天和平的来之不易。我仍然记得，太平巷里，士兵们抓住日军从墙洞突然刺过来的刺刀，不顾双手鲜血淋淋，与之缠斗；我仍然记得，台庄楼前，守城官兵前仆后继，杀声震天；我仍然记得，刘家湖畔，营长高鸿立率领士兵，每人一把大刀，8 颗手榴弹，杀入敌人炮兵阵地，直砍得敌人无法招架，弃炮而逃；我仍记得，台儿庄战场上流传着"活张飞大闹刘家湖，宝刀胜炮而凯旋"的佳话。若无将士死战，何来国泰民安？

"唱支山歌给党听，军民鱼水一家亲。"人民是历史的主体，也是战争胜负的关键，这条真理放之四海而皆准。盐包工事和运河漂米的故事更让我深刻领悟了抗日民族统一战线的真谛。抗日民族统一战线，就是大战爆发前夕，在城内居民都撤出时，当地盐行富商不顾安危，坚持留在城内的孤绝身影；是打开仓库，将一袋袋盐包运到城门、街口，连日筑起一道道牢固的掩体的舍小我、成大我。抗日民族统一战线，就是城内万家粮店主人毅然舍弃利益，打开自家的仓库，运出一个个粮包垛成的工事；是粮食被打得到处都是，散至运河中，台儿庄运河血水漂米的毁家纾难。

“中国共产党是中国抗日战争的中流砥柱。”正如习近平总书记所言,中国共产党在抗日战争中的领导作用对战争的胜利作出了重大的贡献。在铁道游击队纪念馆,我们看到了共产党人领导的八路军奉行的“三大纪律、八项注意”,结合一系列真实案例,我们深刻认识到了即令在抗日战争时期也不能被掩埋的历史大势:中国共产党是人民的选择,是历史的选择。让我印象深刻的是铁道游击队在沙沟接受日本军队投降,这是八路军唯一一次正式接受日军投降。历史在这一刻悄悄迎来了又一个转折点,我们也认识到了中国共产党的领导是历史趋势,是符合时代发展和民族复兴大业的正确选择。

正如习近平总书记在党史学习教育动员大会上的讲话当中所指出的,“党的历史是最生动、最有说服力的教科书”。我们这次台儿庄之行,更是在实践的基础上,更深入、更全面而立体地学习这本“教科书”。回望烽火抗战史,我也更加坚定了理想信念:在未来的日子里,我们作为仿吾班“小青马”,要以更加昂扬的姿态,将红色基因传承下去!

(文/马中南)

一次大战、一座古城、一个民族、一场胜利

1938年,举世瞩目的台儿庄战役发生在这里。

2021年,我第一次来到这里。

八十余载的岁月,这座京杭大运河旁的古城见证了毁灭、重生与

繁荣。

古城大劫，我看见了“义丰恒”杂货铺外墙壁上的累累弹坑。

位于鲁南的台儿庄，正是扼守徐州的门户。城内72座墙壁坚固的庙宇和众多商铺、府衙等建筑，是天然的屏障和工事，但也为这座交通便利、城镇繁华的古城带来了惨烈的灾难。当日军叫嚣着“三个月灭亡中国”，重兵集结踏入方圆不过两平方公里的台儿庄，一批批中国士兵拿着大刀、手榴弹与日军的坦克、大炮展开了殊死对抗。转眼间，曾经商贾云集、一河渔火、十里歌声、夜不罢市的台儿庄硝烟弥漫、满目废墟、城池尽毁、尸横遍野，成为人间炼狱。我穿梭在月河街巷战旧址，无墙不饮弹、无土不沃血的过往历历在目。

古城重生，我看见重建后的台儿庄不同风格的建筑浑然一体。

战前的台儿庄，经过300多年发展，会聚南来北往客，融汇了晋派、徽派、江南、闽南、鲁南等八大建筑风格，还间有近代西风东渐的欧式建筑和天主教堂。穿梭在台儿庄的石头路、青砖墙，一瞬间我以为回到了自己南方的故乡。一街一巷、一楼一宇，融汇南北，贯通古今，有山西的木雕、徽派的砖瓦、泉州的构件以及渔村的稻草。晚清鲁南民居“保寿堂”的复原更是得益于20名老工匠三个月的精心雕刻。台儿庄的魅力也正由磨砖对缝的匠人精神中氤氲而出。

古城大运，长河做伴，见证了台儿庄在新时代的涅槃与繁荣。

台儿庄人常说：“台儿庄有两条命：因为大运河生过一次，因为共产党又重生了一次。”或许正是过去的创伤，让台儿庄这座古城在铭记历史的同时，更不断创造着新的历史。看过博物馆墙壁上那些修修补补、破旧不堪的茅草屋，再看外面春日阳光下整洁有序的建筑群，运河之上桨橹摇曳、游人如织，不禁心生感慨。入夜时分，数千盏彩灯点亮这座古城，我听见那运河大鼓携着浓浓的传统风韵响起，我听见“咿咿呀呀”的柳琴戏从某处小巷子传出，我听见充满现代风情的电音水趴一声一声律动着,我看见了一片祥和与繁荣。

或许正如古城河道上飘出的那首小曲所唱:"台儿庄,我的家,当年的墙砖屋瓦,至今还在说话。它说,这里铭刻着咱民族的尊严,它说,这里激励着后代子孙的奋发。好一个中华,好一个中华!"

这80多年来,台儿庄不仅记录了一段历史,而且也见证了一段历程,这是中华民族团结一致抵御外侮的光荣历史,更是中华民族万众一心跟党走、谋求伟大复兴的光辉历程。

一次大战、一座古城、一个民族、一场胜利。

(文/殷晨浠)

第三回 “仿吾”播种，思想深耕

仿吾班四期“小青马”们是幸运的。

站在“两个一百年”奋斗目标的历史交汇点上，党的十九届五中全会顺利召开，为全面建设社会主义现代化国家把方向、定目标、绘蓝图、指路径，为第二个百年奋斗新征程开好局、起好步提供了根本遵循。我们仿吾班“小青马”也认真学习相关理论，积极宣讲全会精神，激发奋进青春力量。

从南湖那红船上的惊天呐喊，到今天社会主义现代化建设进入新时代，中国共产党已经走过了一百个年头，百年征程波澜壮阔，百年恰是风华正茂。我们立足山大，献礼百年，精心制作了数期“建党百年里的山大故事”微视频——忆往昔峥嵘岁月稠，看今朝旖旎风光秀。

建党值百年，立校逢百廿，我们忆山大先贤，回顾了成仿吾、闻一多、罗荣桓和华岗等著名校友的事迹，在新时代引导山大学子重温家国情怀。

正如习近平总书记所言，我们广大青年学生要“扣好人生的第一粒扣子”，我们仿吾班“小青马”的思想纽扣首先就要扣好。学而思、学而信、学而行，我们更要在以后的奋斗路上为社会主义现代化建设贡献青春力量！

（文/马中南）

第一话|寒假宣讲:宣讲全会精神激发奋进力量

【编者按】 中国共产党第十九届中央委员会第五次全体会议于2020年10月26～29日在北京举行。这是我们党统筹中华民族伟大复兴战略全局和世界百年未有之大变局,为确保中华民族伟大复兴顺利实现而进行的一次重要战略擘画。

山东大学成仿吾英才班第四期学员积极响应学校号召,深入学习贯彻党的第十九届五中全会精神,发挥各自专业优势,结合所学知识,走向社会、走进基层,针对不同群体开展多次宣讲活动,分享自己的学习感悟。“小青马”们通过宣讲实践活动推动党的第十九届五中全会精神普及社区,用简明易懂的语言解读与群众切身利益相关的时事热点,从青年大学生的视角阐释国家政策的最新动向。

在宣讲过程中,"小青马"们努力学深悟透全会精神,将个人理想与时代发展紧密结合,不断拓展知识面,提升专业素养,勇敢担负起时代赋予的使命与责任。

思想引领,走向基层

2020年,一头接续即将挥就的百年史诗,一头开启第二个百年的恢宏篇章。站在“两个一百年”历史交汇点上,党的十九届五中全会擘画“十四五”发展蓝图,对开启全面建设社会主义现代化国家新征程作出战略决策,为全面建设社会主义现代化国家开好局、起好步,引领我们迈向全面建设社会主义现代化国家新征程。

中国共产党第十九届中央委员会第五次全体会议于2020年10月26～29日在北京举行,出席这次全会的有中央委员198人、候补中央委员166人,中央纪律检查委员会常务委员会委员和有关方面负责同志列席会议。党的十九大代表中的部分基层同志和专家学者也列席了会议。全会由中央政治局主持,中央委员会总书记习近平作了重要讲话。

高瞻远瞩绘就宏伟蓝图,砥砺奋进谱写发展新篇。全会审议通过了《中共中央关于制定国民经济和社会发展第十四个五年规划和2035年远景目标的建议》,明确提出了“十四五”规划的指导思想、基本原则、目的要求,是开启全面建设社会主义现代化国家新征程、向第二个百年奋斗目标进军的纲领性文件。

全会一致认为,面对错综复杂的国际形势、艰巨繁重的国内改革发展稳定任务,特别是新冠肺炎疫情严重冲击,以习近平同志为核心的党中央不忘初心、牢记使命,团结带领全党全国各族人民砥砺前行、开拓创新,奋发有为推进党和国家各项事业,战胜各种风险挑战,中国特色社会主义的航船继续乘风破浪、坚毅前行。实践再次证明,有习近平同志作为党中央的核心、全党的核心领航掌舵，有全党全国各族人民团结一心、顽强奋斗，我们就一定能够战胜前进道路上出现的各种艰难险阻，一定能够在新时代把中国特色社会主义更加有力地推向前进。

大国方略，继往开来。为全面深入学习宣传贯彻党的十九届五中全会精神、政策，在学校的号召以及老师的助力下，山东大学成仿吾英才班的“小青马”们走进社区、走进企业，开展了多场党的十九届五中全会精神宣讲活动，高举中国特色社会主义旗帜，宣扬中国特色社会主核心义价值观。“小青马”们分为四支队伍，围绕“贯彻全会精神，奋进伟大征程”的主题，聚焦多维度热点话题，利用资料视频、PPT 等多元形式对党的十九届五中全会精神进行讲解，承担“青马”责任，绽放青春色彩。

“一枝一叶”宣讲团由队长亓秋月，队员范益宁、周冠辰、刘慧杰组成。宣讲团立足于党的十九届五中全会关于文化建设方面的指示，以线上、线下相结合的方式进行理论宣讲。习近平总书记指出：“中国特色社会主义是全面发展、全面进步的伟大事业，没有社会主义文化繁荣发展，就没有社会主义现代化。”党的十九届五中全会站在党和国家事业发展全局高度，明确提出到 2035 年建成文化强国。整体上，宣讲团以文化建设为中心，具体从中国特色社会主义文化、社会主义核心价值观、文化自信、以弘扬中国精神为己任四个方面进行解释和阐述。宣讲团还针对宣讲地点的特殊性，将文化建设细分为企业文化建设及社区文化建设，先后走访山东能源重装集团鲁中设备制造有限公司、淄博市桓台县东岳国际社区委员会，深入企业、深入社区，推动党的十九届五中全会精神的深入传播。

“语闻”宣讲团由队长孙一昊，队员赵颖颖、许立挺、殷晨浠、林诗琦、马中南、代鹏组成。宣讲团通过线上会议的形式，面向济南至尚教育的学生及教职工进行了两场党的十九届五中全会精神理论宣讲。教育是民族振兴、社会进步的重要基石。党的十八大以来，习近平总书记就事关中国教育发展的方向性、根本性、战略性问题作出一系列重要讲话和指示，形成了系统的关于教育的重要论述，为加快推进教育现代化、建设教育强国、办好人民满意的教育提供了根本遵循和行动指南。宣讲内容结合面向群体的特点，对教育议题进行了分析和延伸，由面到点、深入浅出地介绍和阐释了党的十九届五中全会的基本情况和会议精神。为让参会人员对党的十九届五中全会形成全方位、多角度的认识和理解。宣讲内容主要分为四个部分：决胜全面建成小康社会取得的决定性成就，我国发展环境面临的深刻复杂变化，"十四五"规划和2035年远景目标解读以及全会精神中对发展教育事业的指示。

"达康"宣讲团由队长乔松源，队员毕欣雨、杜若飞、刘雪晗、王雅祺、张继正、朱展鹏、赵致远组成。宣讲团通过线上会议的形式，针对群众最关心的民生热点问题，对组内同学联系到的中学学弟学妹与学生家长和企业员工进行宣讲。宣讲团结合实际情况进行深度分析，从内容重要性、民生关注度等多方面进行考量，最终确定以党的十九届五中全会有关民生方面的内容作为宣讲主要着力点，将宣讲细分为就业、教育、医疗以及社会保障四大方面的内容，将老百姓心中最牵挂的政策讲给大家听，让理论宣讲真正成为政策落地的助力器。值得一提的是，宣讲团在教育、医疗等多个方面结合具体面临的问题与改革措施进行整合分析，避免泛泛而谈，真正做到"讲得好、讲得透、讲得实"，用最通俗易懂的话语将党的十九届五中全会精神传达给广大群众。

"仿吾求知"宣讲团由队长苏恩行，队员郭力源、王雨琳、赵晓熙、刘恃君、王悠涵、高李泊廷、牛慧彬组成。宣讲团走进山东省济宁市鱼台县实验小学，针对受众以低年级小朋友为主的特点，制定了细致的、简单易懂的宣讲规划。在校园，队员以"你是否设想过你长大后的样子"这一问题开篇，激发小朋友们的求知兴趣，在循循善诱中鼓励和启发孩子们理解"个人成长成才与国家发展战略"之间的共性关系。在与小朋友们的互动中，宣讲队员以大家切身经历的新冠肺炎疫情的现实语境为例，让小朋友在沉浸式学习中理解"中国共产党是中国特色社会主义事业的领导核心"的现实意义。"仿吾求知"宣讲团也结合党的十九届五中全会"繁荣发展社会主义文化"的主题，列举了鱼台县市民中心等身边事例，讲述文化事业和文化产业的区别，为小朋友们描绘了"十四五"时期文化发展的光明前景。宣讲团通过这一节生动形象的理论小课堂，鼓励孩子们努力学习、奋发努力，在一朵朵小红花心中播种下希望的幼苗。

从党的十九届五中全会全局概况到文化、教育、民生等多个侧重点，仿吾班"小青马"们寓教于乐、教学并重，用新时代青年大学生的语言活力诠释了自己心中的党的十九届五中全会精神。回顾往昔，无论是脱贫攻坚暑期调研，还是沂蒙红色实践教学活动，都一步一步践行着社会主义现代化伟大进程。一堂堂内涵丰富的学术讲座，一次次生动有趣的学术沙龙，都让我们更加明白作为社会主义新青年的责任和使命。

"教学相长也"，从徐艳玲教授的"党十九届五中全会新意解析"专题讲座，到理论宣讲的准备和正式开展，"小青马"们不仅加深了对党的十九届五中全会精神的认知和理解，更深刻领会到党和国家事业发展取得的重大成就，深深地为党和国家的战略布局及远景规划感到佩服和自豪。党的十八大以来，以习近平同志为核心的党中央以巨大的政治勇气和强烈的责任担当，推动新时代中国特色社会主义事业呈现勃勃生机。今天我们比历史上任何时期都更接近、更有信心和能力实现中华民族伟大复兴目标。我们具有不可比拟的政治优势、制度优势、发展优势和机遇优势，我们完全有信心、有底气不断取得全面建设社会主义现代化国家的新胜利。中国梦不再是遥不可及的梦想，而是中华民族脚踏实地不断接近的宏伟目标！

"青马"正奋蹄，青春正当时。作为山东大学的学子，我们更要紧密团结在以习近平同志为核心的党中央周围，不忘初心、牢记使命，同心同德、顽强奋斗。“内化于心，外化于行。”作为新时代的青年大学生，我们要树立远大志向，不负韶华、奋发图强，认真学习专业知识，不辞劳苦投身实践，为早日实现“十四五”规划和 2035 年远景目标贡献自己的一分力量，为全面建设社会主义现代化国家而努力奋斗！

（文/许立挺）

理论光芒，思想火花

这个寒假，为了响应党和国家的号召，切实履行山大学子的责任与担当，真正发挥仿吾班学子的示范引领作用，我有幸参加了山东大学成仿吾英才班开展的党的十九届五中全会宣讲活动。我在宣讲活动中不断学习，不断思考，不断领悟，既提升了自己，也为他人提供了新的理解方向与思路。

一次成功的宣讲必然离不开充分而有效的准备工作。为了精准有效地将文件内容传达给听众，我与小组成员分工合作，互相帮助，旁征博引，精确归纳。从通读原文内容到组内互相探讨补充，从收集各类相关论文到关注国内近期各种大政方针，大家不断搜集各类相关资料，归类汇总，分享交流。我在小组内的分工为撰写文件内关于就业部分的讲稿，为此我仔细阅读原文中的相关内容，同时积极查阅相关文献以及专家的点评和分析，结合自己的理解，在小组成员的帮助下，终于将讲稿完成。正是小组成员的通力合作，辛勤付出，精心准备，保障了本次宣讲的成功。

一场成功的宣讲必须能给听众以启迪。本次宣讲由于疫情的原因,未采用传统的线下宣讲形式,而是进行了线上宣讲,面向广大人民群众,聚焦于就业、教育、医疗等大家比较关注的民生领域,让大家真切感受到我国民生领域的发展成果及发展方向。虽然因为时间与人数的限制,我并未直接进行宣讲,但是当我听到听众们对我们的宣讲赞不绝口时,当我看到他们获益匪浅的神态时,我由衷地感到高兴。正是在我们的努力下,一场高质量的宣讲得以成功筹备,每一位参会成员得以收获自己想要的信息与知识,这让我感到非常自豪!

一场成功的宣讲必须同时让自己受益良多。在准备的过程中,通过对原文的不断阅读与理解,通过查阅各种资料,我对相关方面的政策与方向也有了更深入的了解。我负责分析阐述文件中就业部分的内涵与导向。在不断的探索过程中,我注意到文件对创新的重视程度。正如习近平总书记所言:"我国要建设世界科技强国,关键是要建设一支规模宏大、结构合理、素质优良的创新人才队伍,激发各类人才创新活力和潜力。"我国现在急切需要各种创新人才,需要通过不断地创新来推动各行各业尤其是重点领域的发展。作为一名大学生,作为仿吾班的一员,我们不仅应该努力学习专业课知识,更应该不断提升自己的创新能力,让自己真正成为一个会创新、能创新的人,真正成为国家需要的人。只有这样,我们才能真正解决个人的就业问题,也才能实现个人的理想与抱负。正是在宣讲过程中,我不断阅读,不断思考,不断理解,逐渐有了更深入的认识,也明确了自己今后的发展方向。

"为天地立心,为生民立命,为往圣继绝学,为万世开太平。"本次开展党的十九届五中全会宣讲活动让我真正意识到自己身上的重担。我将不断提升自己,锻炼自己,为他人带来便利,为社会奉献自己微薄的力量,真正履行山大学子的担当、仿吾班学子的担当!

(文/杜若飞)

宣讲新意,合力同行

在山东大学马克思主义学院教授、博士生导师徐艳玲老师的“擘画中国蓝图,点亮中国未来——十九届五中全会新意解析”专题讲座中,我学到了很多有关国家大政方针的硬知识,委实受益匪浅。

徐老师首先解释了“一张蓝图绘到底”(即政策是有连续性的),基层代表座谈会吸纳专家意见、基层意愿,回应社会的期盼以及我们国家特色的民主政治的样本等一些较为细小的知识点。接着阐释了“十四五”规划的历史语境:特殊的历史时刻——全面建成小康社会胜利在望;新征程——走上了全面建成社会主义现代化国家的新征程;新发展阶段——“十四五”时期是中华民族伟大复兴的关键时期。因此,“十四五”规划是一个纲领性的建议,也是一个行动指南,是党和国家的新思想、新论断、新要求。

《中共中央关于制定国民经济和社会发展第十四个五年规划和2035年远景目标的建议》分为十五个部分。总论包括第一和第二部分,第一部分阐述决胜全面建成小康社会取得的决定性成就,提到发展环境的深刻复杂变化以及前瞻性思路,即远景目标——2035年基本实现现代化;第二部分谈到的是指导思想、遵循原则、五个坚持和主要目标等。分论是从第三部分到第十四部分,这十二部分中前六个部分是经济领域,包括科技创新、产业发展、国内市场、深化改革、乡村振兴和区域发展;后六个部分分别是文化建设、绿色生产、对外开放、社会建设、安全发展和国防建设。最后是第十五部分,提出总体要求,关涉到民主政治建设、港澳台、两岸关系、良好外部环境和健全制度落实等内容。

徐老师也谈到"十四五"规划中"新阶段"的新意。新阶段指的是我们进入新发展阶段在民族复兴历史进程中是一个大跨越。同时，新阶段也是现代化阶段，中国共产党一直将现代化作为自己的目标，党的十九大中提到的"新两步走"指的是到2035年基本实现现代化，到2049年建成社会主义现代化强国。如今我们对现代化的认识不断深化：我们要建设富强、民主、文明、和谐、美丽的社会主义现代化国家，涉及经济、政治、文化、社会、生态多个方面。这显示了我们的大国心胸、大国气派。我们还有更多层面的现代化：生态文明生态现代化、治理体系和治理能力现代化、客体现代化、主体现代化、教育现代化等。

徐老师还谈到我国在新发展阶段的大跨越意味着两种跨越：一种是历时态跨越，新发展阶段在中华民族复兴的伟大历程中，从历史的深处拨开迷雾走来，是实践层面；另一种是同时态跨跃，新发展阶段有丰富的积淀。我们创造了两个奇迹：一方面，经济发展的好，创造了"八九不离十"的中国速度；另一方面，经济高速发展的同时社会又比较稳定，没有走进现代化陷阱中。徐老师强调这是历时态矛盾的同时代解决。

我国的现代化发展又具有新的特点：人口规模巨大的现代化；全体人民共同富裕的现代化；统筹城乡发展，推进乡村振兴进程中精神共同富裕的现代化；物质文明与精神文明相协调的现代化；人与自然和谐共生的现代化。和西方不同，我们是边发展边治理，走的是和平发展道路。

最后，徐老师说：如今，在"百年未有之大变局"下，机遇与挑战并存，世界范围内的冷战思维和两级思维依然存在。我国社会主义初级阶段基本国情没有改变，我国是世界上最大的发展中国家的国际地位没有改变，我国坚持和平发展道路的初衷没有改变。相信我国将在这一段战略机遇期积极抓住新机遇，沉着应对新挑战，顶风而上，稳步发展。党的十九届五中全会释放了国家进一步深化改革的可喜信号，中国经济发展有着巨大的进步潜力和空间。全面建设社会主义现代化国家的新征程已开启，相信依靠中国的制度优势，中国经济将会继续维持良好的发展势头，在世界大潮中处变不惊、行稳致远，早日实现“两个一百年”的宏伟目标。

我们作为新时期新发展阶段的青年人，要做奔跑的后浪，积极投身我国经济建设的实践。未来，我们定要扬鞭奋蹄，展“九万里鲲鹏之志”，为中国特色社会主义现代化建设真真切切地贡献自己的一分力量。

（文/杨智豪）

百年筚路蓝缕，征程未有穷期

2020 年 10 月 26～29 日，中国共产党第十九届中央委员会第五次全体会议在北京举行。会上不仅对当前中国发展所面临的复杂变化进行了深入分析，还提出了“十四五”时期经济社会发展的指导思想及所遵循的原则，描绘了到 2035 年基本实现社会主义现代化的远景蓝图。2020 年，处于“两个一百年”奋斗目标的交汇点上，一方面，“十三五”收官在即，全面建成小康社会、实现第一个百年目标胜利在望；另一方面，中华民族踏上建设发展的新征程。

值此党的百年华诞之际，党没有忘记对人民“两个一百年”的庄严承诺,用实际行动履行誓言,用以民为本的初心带领中华民族走向繁荣富强。山东大学成仿吾英才班的队员们也积极响应党和国家的号召,与时代同向同行,以多种形式开展了党的十九届五中全会的理论宣讲活动。

2020 年,又是极不平凡的一年。突如其来的新冠肺炎疫情,就像是一场艰苦卓绝的历史考验。但是,在中国共产党带领下的中国人民同舟共济、众志成城,以生命至上的人间大爱勇毅前行,一位位平凡的英雄,树立起了不朽的民族丰碑,为中国的发展提供了最坚实的后盾。

在抗击新冠肺炎疫情的形势之下,山东大学成仿吾英才班兵分四路,分别前往不同的地点,采取线上线下相结合的方式,紧密结合当今国内外形势,针对学校、国家机关、企业等就党的十九届五中全会所提出的各项要求进行了生动、细致的阐述。在宣讲过程中,我主要负责宣讲"建设更高水平的平安中国"这一部分。通过这次宣讲,我更加深入地认识到了建设更高水平的平安中国,保障人民生命安全是底线;确保国家经济安全,维护社会稳定安全是治本之策;要加强国家安全体系和能力建设,坚持总体国家安全观,实施国家安全战略,维护和塑造国家安全,统筹传统安全和非传统安全,把安全发展贯穿国家发展各领域和全过程,防范和化解影响我国现代化进程的各种风险,筑牢国家安全屏障;要坚持中国共产党在中国特色社会主义事业中的核心领导地位,坚持中国特色社会主义理论体系,坚持以人民为本,不断提高党的执政能力,不忘初心,领导中国人民迈向伟大复兴的新辉煌。

诚然,当前国内外形势还非常复杂,前行之路上还有许多坎坷。回顾历史,中国共产党百年来筚路蓝缕,披荆斩棘,历经了艰苦卓绝的抗日战争、解放战争,也走过弯路、有过伤痛,却从未曾止步。征程未有穷期,前路唯有奋斗!崭新的 2021 年,我们坚信,在中国共产党的坚强领导下，中国人民一定能步履铿锵，勇毅前行，以一往无前的奋斗姿态铸就华夏新辉煌！

（文/牛慧彬）

心之所向，便是吾往

2020年，是人类历史上极其不平凡的一年，世纪疫情与百年变局交织。而面对严峻挑战和重大困难，中国经济仍然实现了正增长，也是全球唯一一个实现经济正增长的主要经济体。穿越惊涛骇浪，中国交出了一份人民满意、世界瞩目、可以载入史册的答卷。

2021年寒假，山东大学成仿吾英才班组织进行党的十九届五中全会宣讲。作为仿吾班“小青马”中的一员，我同队员一起参与了本次活动。因为给别人讲解自己往往也会收获更深刻的印象，通过本次宣讲，在与听众的交互中，我对党的十九届五中全会的认识也有了全新的突破。

“十九届五中全会公报中提出：‘十三五’时期，全面深化改革取得重大突破，全面依法治国取得重大进展，全面从严治党取得重大成果……”刚刚开始宣讲时，我将重点放在理论阐述上，但这些字眼十分高深，很显然听讲者并不能完全理解。看着台下的人群渐渐失去兴趣，交头接耳，我突然意识到，单纯的理论阐述并不是此次宣讲的目的，我们的目的，是让大家看到在党的领导之下中国的发展与进步。于是我们小组调整了讲解的思路，从实际发展入手，从群众能感受到的生活入手。

于是，在讲述"十三五"规划时期加大对污染防治的力度、改善生态环境时，我谈到了湿地公园的建设，谈到了越来越少的雾霾、越来越多的蓝天；在乡村振兴方面，我指向村里的白墙红瓦，指向村落里为了美观而画的一幅幅壁画；在优先发展农业农村方面，请在村里成立农业农村合作社的叔叔帮忙讲解，结果叔叔不仅分享了他购买大型农业机械时政府提供补贴的经历，还兴冲冲地讲起了国家给合作社提供的便利和补贴，号召大家和他一起干，共同走上富裕道路。

在这种讲解模式之下，听众对国家政策的参与度提高，对党的十九届五中全会的政策有了代入感。一直以来，中国共产党坚持全心全意为人民服务的宗旨原则，党的十九届五中全会也坚持围绕人民，以人民为中心，谋发展，谋复兴。因此，在本次宣讲中，"仿吾求知"宣讲团挖掘人民群众的主体地位，引导大家将主人翁意识与党的十九届五中全会相关政策相契合，切切实实感受国家每项方针背后所蕴含的巨大红利。

"是的，中国共产党坚持全心全意为人民服务的宗旨和对人民负责的原则。"我郑重地向听众们讲述着。习近平总书记也强调，要"永远做中国人民和中华民族的主心骨"。民之所盼，政之所向。"在'十四五'征程中，党仍将人民放在首要位置，咱们只要跟党走，坚持绿色发展，坚持科技创新，中国肯定会更加富强！"一位听讲的叔叔的眼神中充满了干劲。不光是这位叔叔，我们大家都能看到自己美好的未来。

（文/王雨琳）

虽为星火,亦能发光

习近平总书记说过:“一个时代有一个时代的主题,一代人有一代人的使命。”走过山河破碎、枪林弹雨的年代,如今的中国,正昂首迈向一个新时代。新冠肺炎疫情肆虐,国际经济形势严峻,全球的政治格局亦正在悄然发生变化。处于变局之中而不乱,稳立潮头,勇担复兴大任,正是时代赋予我们这一代人的使命。恰逢其时的中共十九届五中全会,就好比一束灯光,指引着未来,照亮了远方。

2020 年 10 月 29 日,中共十九届五中全会在北京落下帷幕。同日,六千余字的《中国共产党第十九届中央委员会第五次全体会议公报》正式发布。在认真讨论学习会议精神的基础上,我们 30 位仿吾班“小青马”如星火般散落在祖国各地,用青年人的方式,将中共十九届五中全会的信号带到更多的地方。

我所在的第三小组选定济南至尚教育公司作为宣讲地点,并很快展开了准备工作。在宣讲前期,为了精准传达会议精神,深入浅出地阐释会议内容,我们小组多次进行小组讨论,大家畅所欲言,抒发心中所感,彼此对于会议文件的认识也更加深入。此外,我们搜寻相关论文、书籍,在书海中扎根探索。随着丰富的知识逐渐充盈我们的内心,我们的宣讲内容也更加完善全面。在演示文稿的制作环节上,为了呈现出最完美的视觉效果,无论是标题的设计,还是文字和图片的选取,我们都进行了反复推敲和打磨。心怀同一个目标的我们,在合作中不断成长。

在阐释会议精神的基础上，我们小组还选取中共十九届五中全会中的教育问题进行有针对性的宣讲。作为学生，我们最关心和最熟悉的就是教育问题。我们翻阅资料，梳理中国共产党的教育政策在不同历史时期的演变，并从21世纪青年的角度对中国特色社会主义教育进行了富有新意的展望。

紧张的准备过后，终于引来了正式的宣讲。尽管已经做好了提前试录的工作，我们还是难掩心中的激动。当我们以仿吾班"小青马"的身份介绍自己时，那份骄傲难以言表。当然，与之相伴的还有沉甸甸的责任。在两场宣讲中，我们利用前期准备的翔实资料，旁征博引，深入浅出，并结合使用了图片、视频等多媒体手段，以使宣讲生动自然。而我们精心准备的教育议题，也引发了老师和学生们的共鸣。

宣讲结束的那一刻，我心中的感觉与其说是如释重负，不如说是得偿所愿的欣喜和成就感。第一次参加政策宣讲活动的我，在活动中学到了很多，也收获了很多。更重要的是，我们应承担的责任变得触手可及、真实可感，让我明白我们每一个人都可以是实现中华民族伟大复兴道路上的一块砖、一片瓦，为祖国贡献自己的力量。我们虽为星火，却也能发光。

2021年的大幕已然拉开，中国进入新的发展阶段。随着党的十九届五中全会擘画的中国发展新规划蓝图的全面落实，我们仿吾班"小青马"必将齐头奋进，不待扬鞭自奋蹄，在实现民族复兴的征程上勇敢肩负青年的责任担当。

（文/林诗琦）

逐梦“十四五”,凯歌奏华章

岁月不居,时节如流;砥砺奋进,不负人民。2020 年 10 月 26 日召开的中国共产党第十九届中央委员会第五次全体会议审议通过了《中共中央关于制定国民经济和社会发展第十四个五年规划和 2035 年远景目标的建议》,这份文件按照五大新发展理念,围绕科技创新、产业发展、国内市场等十二个关键领域提出了发展思路与方向,为世人勾画了一幅中华民族稳步复兴的壮美画卷。作为一名“仿吾班小青马”,我也参与到为群众介绍党的十九届五中全会精神的任务中,在此过程中,我总是感受到心底的悸动,或许是因为看到了对未来的美好展望,或许是因为对过去艰苦奋斗的感慨,抑或是出于对我们党不折不挠、一以贯之精神的由衷赞叹!作为历史的亲历者,我见证了中国人民在共产党领导下夺取疫情防控阻击战的决定性胜利,领略了全体人民脱贫奔小康的千古伟业,更看到了一个兢兢业业,对人民无限忠诚对事业无限热爱的伟大政党!

“为什么我的眼里常含泪水?因为我对这土地爱得深沉。”坚持群众路线永远是我们党最纯真的本色,为人民服务是我们党最朴素的宗旨。在党的十九届五中全会上,反复强调精准产业扶贫,促进乡村振兴。这正是共产党人“全心全意为人民服务”最生动的体现。脱贫攻坚战中,有 1800 多名共产党员将青春挥洒在了脱贫攻坚征程上。其中,有坚守乡村数十载、只为造福乡村学生的张桂梅;有满腔热血回乡服务、谱写新时代青春之歌的黄文秀;有鞠躬尽瘁为奉献、引得清水润乡村的黄大发。他们就是鲁迅先生笔下那些埋头苦干、拼命硬干的人，是铸就新时代民族之魂的脊梁。他们身上折射出的伟大奉献精神让我在宣讲的过程中不住地为他们喝彩！

在与群众交流的过程中，我发现群众关心的，就是我们党政策的重点所在；中华民族利益所需要的，就是我们党前进的方向。党始终将人民的根本利益放在首位，正因为如此，党的政策、路线赢得了人民的坚决拥护。我想，这种"鱼水情深"，正是我们战无不胜的力量源泉！

回望过去，我国在全面深化改革的过程中取得了突出的成就，面对新型冠状病毒肺炎疫情带来的严峻挑战，千千万万名党员不畏艰难、迎难而上，贫困人口全部脱贫、贫困县全部摘帽，兑现了党对人民的庄严承诺！红日初升，其道大光，站在"两个一百年"奋斗目标的交汇点上，我们比任何历史时刻都接近中华民族伟大复兴的伟大梦想！站在前人的肩膀上，我们更应该奋发有为，逐梦"十四五"、凯歌奏华章！

（文/赵致远）

第二话|献礼视频:“建党百年　立校百廿”里的山大故事

【编者按】 岁月不居,时节如流,2021年恰逢建党百年、立校百廿。在这个具有特殊意义的历史节点,山东大学成仿吾英才班四期成员通过拍摄山大故事视频的方式,向祖国和母校献礼。

四期成员分为四组,从成仿吾、闻一多、罗荣桓、华岗四位先生的故事入手,讲述那个不平凡的年代,讲述他们与共产党和山大的点点滴滴。百廿山大有着深厚的历史积淀和文化内涵,而这些文化积韵离不开这四位先生,更离不开任教的每一位老师以及就读的每一个学生。凡我在处,便是山大。值此建党百年、立校百廿的历史节点,成仿吾英才班学员以拍摄视频的方式重温历史故事,发掘人物精神,献礼百廿山大,号召全体青年学子铭记山大精神,不断奋进,积极进取,为早日建成世界一流大学而奋斗。

百廿山大,奋楫扬帆

2021年是极其特殊的一年,既是中国共产党成立100周年,也是我校成立120周年。站在建党百年的新的历史方位,伟大的中国共产党风华正茂,不忘初心、牢记使命,定将不断铸就新的辉煌、创造新的伟大奇迹。在新时代的历史方位下,山东大学扎根中国大地,追求卓越、只争朝夕,深入实施国家战略,努力实现"由大到强"的历史性转变,令全中国乃至世界都为之自豪。为了庆贺建党百年和建校百廿年,我校举办了一系列校庆活动。山东大学成仿吾英才班作为校级优秀班集体,也为此拍摄了相应的微视频来表达"小青马"们对祖国和母校的热爱。

百年披荆斩棘,百年砥砺前行,中国共产党从建立初期的50多人发展为拥有9100多万党员的世界第一大党,在带领全国各族人民进行伟大建设的波澜壮阔过程中,迎来了中华民族从"站起来""富起来"到"强起来"的伟大飞跃,抒写了令世界瞩目的壮丽诗篇。在过去的百年中,党中央团结带领全国各族人民,坚定不移地贯彻新发展理念,推动经济社会高质量发展,我们国家取得了一系列举世瞩目的历史性成就,这些成就的取得,无一不体现了中国的大国担当。首先,脱贫攻坚取得了全面胜利。党的十八大以来,党中央集中力量攻坚克难,全面打响了脱贫攻坚战,成功总结出了一条中国特色扶贫道路,中国震撼山河的脱贫故事,富裕了人民、激励了世界,彰显了中国共产党领导及我国社会主义制度的巨大优势。其次,深化改革取得了重大突破。"十三五"期间，我国对外开放水平进一步提高，“一带一路”的丰硕成果，彰显了开放包容、合作共赢的东方智慧，引得世界交相称赞。在这一百年的建设中，涌现出了一批又一批的英雄人物，带领着中国共产党不断进步发展。成仿吾先生就是这样一位英雄人物。

成仿吾是中国无产阶级革命家、忠诚的共产主义战士、新文化运动的重要代表，也是山东大学的老校长。成仿吾先生1897年出生于湖南新化县，为探索共产主义，他赴日本、欧洲学习，并在此期间加入了中国共产党。为了将共产主义精神发扬光大，更好地报效祖国，1931年7月成仿吾回国，开始了他的教育事业。与此同时，组织上任命他为鄂豫皖省委宣传部部长、鄂豫皖省苏维埃文化委员会主任，并兼任红安县委书记。在担任山东大学校长期间，他更是实施了许多强有力的政策帮助学校发展，为山东大学日后的发展壮大奠定了基础。

基于成仿吾先生对中国共产党的建设及山东大学的发展所作出的重要贡献，山东大学成仿吾英才班四期第一小组共七名成员全程参与了视频的编写拍摄和录制，也在拍摄视频的过程中进一步了解了成仿吾先生与山东大学的渊源，可谓收获良多。

（文/邵点）

回望历史，缅怀先贤

成仿吾先生是中国无产阶级革命家、忠诚的共产主义战士、新文化运动的重要代表、无产阶级教育家和社会科学家、文学家、翻译家。

1958年，成仿吾先生担任山东大学校长兼党委书记，担当起了山东大学的掌舵人，不仅承担了迁移校址的重要工作，还使学校教学工作迅速步入了正轨。冠以成仿吾先生之名，山东大学成立了"成仿吾英才班"，旨在让每一位山大学子感悟仿吾精神。

值此建校百廿之际，山东大学成仿吾英才班开展了"'建党百年 立校百廿'里的山大故事"系列活动，亲身演绎波澜壮阔的历史长河中的"山大故事"，发掘其深刻而崇高的精神内质。他们选取成仿吾、闻一多、臧克家、华岗等为山大建设发展作出卓越贡献的前辈，展现了山大人在几度分合、数经变迁的山大发展历程中躬耕学术、矢志不渝的崇高精神。成仿吾先生丹心赤子，投身教育事业，为山大教育事业与发展方向作出巨大贡献。闻一多先生慧眼识英才，他破格录取臧克家先生的故事至今还是广为流传的一段佳话。这种为人师表、爱惜人才的博大胸襟也影响着山东大学的人才培养理念，极大地促进了山东大学的发展。闻一多先生是诗人、学者、战士，但一直是以学校为阵地进行创作、科研和斗争的。以闻一多先生为代表的老一辈山大人，关爱学生，慧眼识英才，为学生潜心付出，为山大培养了一批又一批为国奉献的人才。

山大一步一个脚印，坚定沉稳地向前迈进，而这每一步的发展，也离不开中国共产党百年来"春秋迭代，初心如磐"。1928年"五·三"惨案，省立山东大学师生对此义愤填膺，忍无可忍，虽在日军严密戒备下，仍不计安危，不怕流血牺牲，开展各种爱国反日活动，高扬了反帝爱国主义精神，表现出了对于国家命运的深切关注。新中国成立后，中国共产党也对山东大学的成长发展给予了重要的指导和支持，在新起点上致力新发展，为学校各项事业的发展开创了新局面。

如今，山大的发展也要依靠我们青年的努力奋斗来实现。心有所信，方能行远。习近平总书记号召青年人："立鸿鹄志，做奋斗者。"追忆先贤，更是为了展望未来，通过系列活动的开展，让一代又一代的山大人凝聚山大精神，为创建国内外知名的高水平大学而不断奋斗。站在时代的高起点上，新时代的山大人必将传承先辈们的崇高精神，涵养山大精神文化，凝聚山大力量，以追求卓越、只争朝夕的精神，再创山大辉煌！

（文/牛慧彬）

一脉承山大，师德薪火传

2021年，是建党100周年，也是山东大学度过的第120年岁月。相信每个人都听大学老师说过这样的话：离开校园以后，我教给你的知识你可能很快就会忘记，但大学给你们的影响会伴随你们一辈子。一个大学的文化底蕴给我们带来的影响是潜移默化、深远持久的。而作为学生，对校园文化最深刻的认知就来源于老师。

闻一多之于臧克家就是这样一位老师。1930年，臧克家在山东大学前身——国立青岛大学的入学考试试卷上写下了“人生永远追寻着幻光，但谁把幻光看成幻光，谁便沉入了无底的苦海”，并因此受到闻一多先生的高度评价。闻一多先生力排众议，将数学成绩为零分的臧克家录取。随后，在他的指导之下，臧克家成为国文系最优秀的学生之一。1933年，他在闻一多先生的资助之下出版《烙印》，成为诗坛上的一颗新星。当年的际遇成就了闻一多的学识和慧眼，而闻一多先生这种为人师者的博大胸襟，也成为山大文化内涵的一部分，一代又一代地流传了下来。

闻一多先生令人敬仰的另一个原因，应该就是他作为民主战士敢讲真话、不畏牺牲的耿直作风。1946年，闻一多先生因在李公朴先生的追悼会上斥责国民党的卑劣行为而在返家途中被国民党特务暗杀。噩耗传到全国，中国共产党领导人毛泽东、朱德、周恩来、董必武分别从延安、南京发来唁电，共同悼念这位伟大的爱国主义者、民主革命战士。闻一多先生的爱国精神，与山东大学“为天下储人材，为国家图富强”的办学宗旨一脉相承。山东大学始终坚持跟党走、听党话，以建设成为世界一流大学，为国家培育更多爱党爱国、博学多才的人才为己任，时刻铭记办学宗旨，把切实为国家发展作贡献放在首位。

学无止境，气有浩然。闻一多先生是诗人，是民主战士，也是一名学者。他以高度负责的治学态度和严谨踏实的为学作风，在山大潜心教学，培育人才。闻一多先生在《全唐诗》的研究上做到了考据翔实、校勘严谨。在考证唐代诗人生平事迹时，他采用“以诗证事”的独特方法，做到了“以事为经”“以诗为纬”“详于事而略于诗”，为唐诗文献学研究作出了巨大贡献。在校期间，闻一多先生开始了对《诗经》的研究。他运用西方文化人类学的方法，窥视中国文化源头时代人的心态变化，他的许多观点都与传统的注经结论截然不同，这种研究后来得到了郭沫若先生的高度评价。

身为民主战士，他不畏牺牲；身为知名学者，他笔耕不辍。闻一多先生是我们值得尊敬的榜样。以闻一多先生为代表的山大人爱国敬业，潜心研究，历史上山大取得的每一项成就都离不开他们的努力奉献。如今，山大的发展也要依靠我们青年的努力奋斗来实现。心有所信，方能行远。习近平总书记号召青年人：“立鸿鹄志，做奋斗者。”站在时代的高起点上，新时代的山大人必将传承山大文化，牢记爱国精神，在建党百年、建校百廿之际，听从党的指挥，凝聚山大力量，以追求卓越、只争朝夕的精神，脚踏实地，仰望星空，成为利国利民的栋梁之材！

（文/王雨琳）

亲身演绎，责任积淀

建党百年，立校百廿。春秋迭代，初心如磐。“‘建党百年　立校百廿’里的山大故事”是值此关键节点，共青团山东大学委员会组织摄制了“百廿山大”历史人物系列视频。我们30位仿吾班“小青马”同前辈先贤对话，寻历史足迹，忆峥嵘岁月。

我所在的第三小组负责中国共产党的优秀党员、久经考验的忠诚的共产主义战士、坚定的马克思主义者罗荣桓元帅视频拍摄工作，重温罗荣桓元帅的山大故事。在接到视频拍摄任务后，我们很快展开了准备工作。在脚本编写前期，为了精准地还原历史，深入浅出地讲述罗荣桓元帅的山大故事，我们在深入图书馆查阅整理相关资料的基础上，进行了多次小组讨论，大家畅所欲言，交换所得，对于罗荣桓元帅以及他的爱国精神也有了更深刻的认识。此外，我们搜寻相关论文、书籍，向书海中扎根探索。在整个过程中，丰富的知识不断充盈着我们的内心，而我们的脚本内容，也不断完善全面。

在紧张而周密的准备过后，我们终于迎来了正式的拍摄。尽管已经进行了充分的排练准备，我们还是难掩心中的激动。在拍摄现场，当我们以仿吾班“小青马”的身份介绍自己时，那份骄傲难以言表。当然，与之相伴的还有沉甸甸的责任，那就是讲好罗荣桓元帅的山大故事，用我们的演绎重温那段激情燃烧的岁月。在拍摄过程中,摄像老师对我们的台词、眼神、肢体动作等都进行了充分且专业的指导。为了呈现出最完美的视觉效果,我们也进行了反复推敲和打磨,我们最终在镜头中呈现出了良好的效果。心怀同一个目标的我们,在合作中不断成长。

在视频拍摄的过程中,我们得以亲身演绎"建党百年　立校百廿"里的山大故事,更收获了很多。回望历史,在那个风雨飘摇的年代,以罗荣桓为代表的山大学子,始终密切关注着祖国的命运。1925 年 4 月底,"青岛惨案"爆发,这也彻底激发了青年罗荣桓立志报国的决心。自此,他坚定地在革命道路上阔步前行,成为中华人民共和国的缔造者之一。他的拳拳爱国之心,深深触动了我们。我想,罗荣桓元帅的山大故事也必将激励山大青年勇往直前,勇担大任,传承百廿山大的精神积淀,探求建党百年的不变初心。这对我们来说,不仅是一句口号,更是沉甸甸的责任与使命。

百廿山大波澜壮阔,百年初心历久弥坚。随着党的十九届五中全会擘画的中国发展新规划蓝图的全面落实,我们仿吾班"小青马"必将齐头奋进,不待扬鞭自奋蹄,在实现民族复兴的征程上肩负青年的责任担当。

（文/林诗琦）

桓桓于征,狄彼东南:罗荣桓元帅的故事

回望峥嵘岁月,重温英雄事迹,感悟山大精神。2021 年正值建党百

年、建校百廿。百年来，中国共产党带领中华民族争取民族独立、人民解放，实现国家富强、人民幸福；百廿年来，山东大学放眼五洲为天下储人材，求索百年为国家图富强。中国共产党的峥嵘岁月与山大精神一脉相承，山大精神又在莘莘学子的奋斗中不断推陈出新、丰富完善，而罗荣桓元帅正是无数砥砺奋进的山大学子之一。回首百年奋斗史，走好时代长征路，让我们一起来回顾校友罗荣桓元帅与山东大学的故事，重温他与山大的不解之缘。

罗荣桓元帅是伟大的无产阶级革命家、中华人民共和国元帅，更是一位久经考验的忠诚的共产主义战士、一名坚定的马克思主义者。1924 年 7 月，罗荣桓元帅考入了山东大学前身之一——青岛大学。在那个风雨如晦的年代，面对处于危急关头的国运，他陷入了深深的忧思。春意正浓的一天，本是三五学子结伴赏花的日子，罗荣桓元帅却在山上看到了日本人在我们的国土上悠然自得、纵声欢笑。这一刻，虽脚踏中国的土地，罗荣桓心里却似有身处异国之感。

令人愤懑的事情并不只这一件。1925 年 4 月，日方邀请青大师生参观日舰“比睿”号。先进的日本军舰与我国落后的海军形成了鲜明而残酷的对比，犹如一把尖刀深深刺痛了青年罗荣桓的心。罗荣桓回忆道：“中国是一个有四万万五千万人口的大国，有着漫长的海岸线，应当有强大的海军。”这月底，青岛一万八千余名纱厂工人罢工，遭到日本帝国主义和军阀张宗昌的血腥镇压，史称“青岛惨案”。在那以后，罗荣桓就被推举为学生会的主要负责人之一，白天带领讲演队到街头巷尾演讲惨案情况，晚上参加演剧队的工作，募捐资金支持工人斗争。可惜的是，这场运动最后被日本帝国主义勾结中国军阀镇压了下去。

正是这一次次的刺激，使罗荣桓元帅坚定了立志报国的决心，燃起了为国浴血的斗志。正是这段求学时光，让这位稚嫩的年轻人逐渐走向成熟，担起了时代重任，最终成为中华人民共和国的缔造者之一。

作为成仿吾英才班的一名"小青马",我有幸与小组成员一起代表山东大学参加"我和我的学校"红色记忆微视频接力活动,回望罗荣桓元帅在山大的峥嵘岁月,献礼建党百年。从最初脚本撰写到最终的视频拍摄,在一次又一次的推敲打磨中,我不仅对罗荣桓元帅有了更深的了解,更对山大精神有了自己的认识:东北沦陷,山大学子冲出校园,请愿示威;青岛危急,山大举校西迁万县,与时偕行;黎明前夕,山大护校上下同心,迎接解放。山东大学始终站在国运汹涌的潮头浪尖,用厚重的历史底蕴当仁不让地承载时代的重任,以开阔的世界视角积极进取地放眼中华之明天。

"桓桓于征,狄彼东南。"罗荣桓元帅坚如磐石的革命信仰、严谨踏实的生活作风、无私奉献的公仆精神激励着一代又一代山大青年砥砺前行、艰苦奋斗。山大学子定会在实践中传承罗荣桓元帅的精神,不忘初心、牢记使命,栉风沐雨、砥砺前行!

(文/许立挺)

百年遇百廿,我辈勇担当

1921～2021年,中国共产党走过百年;1901～2021年,山东大学迎来百廿。这一路走来,有说不上的辛苦:充满鲜血、汗水、泪水、勇气、智慧、力量;这一路走来,有说不上的困顿:筚路蓝缕、披荆斩棘、艰苦创业、砥砺前行又充满艰险;这一路走来,更有说不上的辉煌:苦难中铸就辉煌、挫折后毅然奋起、探索中收获成功、失误后拨乱反正、转折中开创新局、奋斗后赢得未来。

抚今追昔，我们不禁心潮澎湃，感慨万端。120年来，山东大学始终伴党左右，听党指挥。她先后成功进入国家“211工程”“985工程”，入选“双一流”世界一流大学建设高校名单；她设立山东大学威海分校、山东大学青岛校区，一校三地八校区办学，开办本科专业117个，涵盖十二大学科门类，强大的师资为她庞大的体系打下了基础；她入选“强基计划”试点高校，吸引了越来越多的优秀人才……长期以来，山大都以中华民族伟大复兴为使命，承担社会责任，致力于学术繁荣，发展人才战略，探求科学真理，为党的建设贡献自己的力量。

翘首以望，新世纪，新山大，新征程，新发展。作为一所历史悠久、学术实力雄厚、办学特色鲜明的高水平大学，山东大学当然不会止步不前，而是会继续跟随党的脚步，在未来的日子里再加一把劲儿，再添一分光，把党的精神传承下去，把山大精神传承下去。站在历史的新起点，山大会致力于把深厚的历史积淀融于创新精神的办学理念，尽管已是百廿老校，但山大仍会焕发出蓬勃的青春活力，在新时代发光添彩。习近平总书记在全国高校思想政治工作会议上强调：“做好高校思想政治工作，要因事而化，因时而进，因势而新。”面对新时代，我们山东大学将抓住机遇，面对挑战，运用新思维，谋求新作为，在实践中创新理念思路、内容形式、体制机制、路径手段，不断提升自身的吸引力，增强了思想政治教育的时效性。

就我自己而言，作为山东大学的一名大学生预备党员，我是党组织的新鲜血液，是党实现“两个一百年”奋斗目标、实现中华民族伟大复兴中国梦的后备力量。站在承前启后、继往开来的新时代起点上，我们青年必须坚守本心，有理想、有本领、有担当。我们只有做到不忘初心、牢记使命，时刻坚持自我监督，才能在这个价值观多元、信息爆炸的时代，无论走得多远，都不会忘记本心，忘记自己为何出发，才能成为未来社会主义现代化建设的中坚力量，为山东大学的建设添砖加瓦，更为党的奋斗目标贡献自己的力量。

我一直坚信，未来，执我党之手，山东大学将再次谱写新的美丽篇章。

（文/王彦滔）

第三话｜党史宣讲：忆山大先贤，追家国情怀

【编者按】 为认真学习贯彻习近平总书记在党史学习教育动员大会上的重要讲话精神，把“四史”学习转化为育人成效，将党史知识融入青年团员教育日常，引导青年学生知史爱党、知史爱国，以昂扬青年奋斗者姿态迎接全面建设社会主义现代化国家新征程。山东大学成仿吾英才班四期“小青马”利用马克思主义理论学习优势，重点回顾山大历史，充分挖掘优秀前辈故事，发掘山大先贤潜心学术、勇于担当、矢志报国的精彩故事，探求在建党百年和建校百廿的历史进程中山大人的精神积淀和不变初心，以激励青年奋进。

赓续红色传统　指引奋力前行

成仿吾校长是一名久经考验的共产主义战士。他用近半生华年，在峥嵘的革命岁月里五次翻译《共产党宣言》，书写了《共产党宣言》翻译传播史上的传奇。

时光拨回到 1929 年，当时还在莫斯科的蔡和森同志给成仿吾来信，要他把《共产党宣言》译成中文，这是成仿吾第一次翻译《共产党宣言》，但可惜的是，蔡和森同志回国工作不久就牺牲了，译稿也随之丢失。

1938 年，成仿吾校长与《解放日报》编辑徐冰在延安一起翻译《共产党宣言》，这一版本也被称为"成徐译本"。当时的延安连一本德文字典都没有，两人硬是你一半我一半完成了翻译，译完后，负责翻译上半部的成仿吾又把全部译文通读了一遍。同年，此译本出版，这是中国首个根据德文原文译出的版本。

随着革命不断深入，人们对马克思主义的理解也不断深入。于是在 1945 年和 1952 年，成仿吾校长结合对马克思主义新的认识，对《共产党宣言》又进行了较大的修订。其中，1945 年版在国民党军队进攻延安的战火中丢失了。

成仿吾校长最后一次翻译《共产党宣言》是在 1975 年，毛泽东主席专门调他到北京成立校译小组，经过三年三改，最终的译稿于 1978 年出版，此时成仿吾校长已经是 81 岁高龄。

在这份译本后记中，成仿吾校长写下这样一句话："仅仅'有产者'、

'无产者''阶级斗争'以及'全世界无产者，联合起来！'这样的词句，就给了在黑暗中寻找光明的革命群众难以估计的力量。" 以此表明他一生五次翻译《共产党宣言》的初心。

成仿吾校长也是一位硕果累累的专家学者。他是文学家，曾以笔作刀剑，与郭沫若等人成立"创造社"，用诗歌敲醒国人。他是翻译家，除《共产党宣言》外，还校译了《哥达纲领批判》等思想巨著；他还是长征路上唯一的大学教授，其撰写的《长征回忆录》，再现了长征中壮烈的战斗场面，为研究长征精神留下了珍贵的学术资料。

一位战士，一位学者，但终究成仿吾校长还是一位老师，学生口中的"成妈妈"。他爱学生如子弟，在艰难的陕北公学时期，他和学生一起上早操，一起参加讨论，到了夜晚，总忘不了到学生宿舍去转转看看。学生上课递纸条给他说："你是我们的妈妈。"自此，"成妈妈""妈妈校长"就伴随着他，一直传颂了半个世纪。

在山大历史上，还有一位校长在百年党史上也留下了浓墨重彩的一笔，为中国革命作出了巨大贡献，那就是我们的华岗校长。

1903 年，华岗出生在浙江省衢州市龙游县一座普通民居里。1920 年，意气风发的华岗从这座老屋出发，赴衢州求学，从此将一生奉献给了共产主义事业。华岗于 1925 年加入中国共产党，在 20 世纪 20～40 年代先后担任共青团浙江省委书记、江苏省委书记、中共湖北省委宣传部部长等职。1920 年，陈望道翻译了第一本全译本《共产党宣言》，随着革命形势发生巨大变化，党内迫切需要重新翻译一遍《共产党宣言》。1930 年，风雨飘摇，当时只有二十几岁的华岗校长接到组织重托。接受任务后，他没有丝毫畏难，立刻投入到了工作中。他以陈望道翻译的版本为参照，加上自己对共产主义的理解，反复推敲，出色地完成了英译本《共产党宣言》的翻译。特别是译文最后那句"全世界无产阶级联合起来"，如惊雷破云，响彻革命道路；如峰岗崛起，撑起民族脊梁,激励着成千上万共产党人为共产主义理想不懈奋斗。

华岗也曾担任山东大学校长。在他任职期间,带领全校师生学习马克思主义理论,建立了政治大课制度,亲自讲授社会发展史和辩证唯物论,进行马克思主义的启蒙教育。因此,学校也在这一时期出现生气蓬勃的景象,这一时期被称为山东大学建校以来的又一个"黄金时代"。

与此同时,华岗校长一生坎坷,因为叛徒的告密,他被国民党当局逮捕。但即使是在狱中,他依旧不畏强暴,只求一身清白。面对国民党的严刑逼供,他坚称自己不懂政治,决不暴露身份。虽身陷囹圄,但他追求真理的脚步却从未停止。在失去自由的牢狱中,他不分昼夜地学习,写下了《美学论要》《科学的分类》等近万字文稿。他把全部心血都凝聚在那支锋利的笔尖上,用力写下心中的真理和光明。

两位《共产党宣言》译者,两位山大校长,如今比肩站立在山大的校园里,凝视着一代又一代的师生,守望着一年又一年的教学。正如习近平总书记强调的,光荣传统不能丢,丢了就丢了魂;红色基因不能变,变了就变了质。我们青年学子必将以老校长为榜样,坚定共产主义信仰,让信仰之火熊熊燃烧,以青春奋进之姿,为实现强校兴国之梦而不懈奋斗!

(文/周冠辰 邵点)

成仿吾先生:从文化人到革命战士

2021年是中国共产党成立100周年。一百年风雨兼程,一百年沧桑巨变，回首展望，我们风尘仆仆、筚路蓝缕。“欲知大道，必先为史”，学习、理透、借鉴历史是中华民族五千多年来的一个优良传统。而作为山东大学成仿吾英才班的青年马克思主义者，学党史、知党史，做新时代合格的“小青马”更是我们的追求和责任，也是对山大“学无止境，气有浩然”学子的根本要求。今天，就让我们通过学习成仿吾先生一生对共产主义思想和党的事业的贡献与建树，一起重温那一段峥嵘岁月。

成仿吾是我国无产阶级革命家、忠诚的共产主义战士、新文化运动的重要代表、党内著名的文学家、教育家和社会科学家。曾于1958～1974年任山东大学校长兼党委书记。1960年，山东省各高校都扩大招生，由于招生数过大，加之物质生活困难，因而教学中出现了许多问题。山东省教育部门通知要求各高校解决这个问题。学校接此通知后，作为校长的成仿吾，不是机械地执行，而是决定给学生分班上课，加强辅导，帮助学生克服困难，从而使一批学习吃力的学生渡过了难关，没有发生什么问题。这件事体现了时任校长的成仿吾关怀爱护学生，他贯彻落实党的教育方针，重视高校学生思想政治教育。

通过回顾成仿吾一生对党和共产主义事业作出的突出贡献，我们可以感受到当时的知识分子、思想家和学者心中坚定的马克思主义信仰与革命意志。

在旧社会，人民饱受“三座大山”的压迫，作为一名致力于爱国救亡、启蒙民众的进步青年，成仿吾积极探寻旧中国救亡图存的出路。他有着坚强的革命意志：成立“创造社”、参加大革命、加入中国共产党，广泛开展反帝反封建的革命文化活动。1926年，在广州与毛泽东、周恩来等共产党人接触后，成仿吾深深地被马克思主义所描绘的未来的共产主义社会吸引，开始大量阅读马克思主义相关著作，自觉并长期坚持学习，尝试运用相关理论对社会革命进行分析，在研究中不断坚定自己的马克思主义信仰。

从1934年在瑞金中央党校任教以来，成仿吾一直从事党的教育事业。他精通多种语言，长期致力于宣传和传播马克思主义。他五次翻译《共产党宣言》，并校译了《哥达纲领批判》《社会主义从空想到科学》等马克思主义经典著作，为准确地宣传马克思主义作出了重要贡献。他倡导革命文学，创作了许多作品，对推动我国革命的新文化运动起了重要作用。1966年3月，成仿吾在高教部济南会议上谈贯彻"七·三"指示等问题，在山东大学校庆纪念会上号召全校人员学习毛泽东著作。1969年，成仿吾在山东大学院内小树林中的露天场地，阐发了毛泽东同志对陕北公学的题词："要造就一大批人，这些人是革命的先锋队。这些人具有政治远见，这些人充满着斗争精神和牺牲精神。这些人是胸怀坦白的、忠诚的、积极的、正直的。这些人不谋私利，唯一的为着民族与社会的解放。这些人不怕困难，在困难面前总是坚定的，勇敢向前的。这些人不是狂妄分子，也不是风头主义者。而是脚踏实地富于实际精神的人们，中国要有一大群这样的先锋分子，中国革命的任务就能够顺利地解决。"成仿吾说："毛主席四十年前对陕北公学的题词，今天仍适用于我们，我们听毛主席的话，就应成为这样的人。"山东大学的学子们对成仿吾的讲话报以热烈的掌声，即使下雨了仍然聚精会神地听着，不愿离开会场。1974年8月，根据毛泽东主席的批示，成仿吾离开山东大学，到中央党校专门从事马恩原著的翻译和校注工作。

1982年，85岁的成仿吾这样总结自己的一生："我是从文学革命到革命文学，从文化人到革命战士。"1984年5月17日，成仿吾在北京病逝。由中共中央书记处审定的《成仿吾同志生平》，高度称赞他的一生"是为共产主义事业永远进击的一生，是无产阶级教育事业艰苦开拓和创造的一生，是为马列主义、毛泽东思想的传播鞠躬尽瘁的一生"。

今年是建党100周年，百年党史上涌现出了千百个像成仿吾先生这样的学者和思想家——他们一生致力于马克思主义思想与共产主义思想在中国的传播，致力于党的教育事业和思想政治工作的开拓与创新。从他们身上，我们也看到党一路走来的筚路蓝缕与披荆斩棘，看到如今的铅华洗尽、熠熠生辉。“究天人之际，通古今之变。”作为正值青春的山大学子，作为成仿吾班“小青马”，仍需薪火相传，蹈厉奋发。正如习近平总书记在新年贺词中说的“艰难方显勇毅，磨砺始得玉成”，两秩人才为天下所储，气有浩然的山大学子必将谱写国家富强崭新的华章！

闻一多与中国共产党
——动荡中一个知识分子的选择与归宿

建党百年，是牢记初心使命接续奋斗的百年，亦是涌现无数有识之士，凝聚民族意识的百年。在追求伟大理想的道路上，有这样一位民主战士，在纷乱炮火里，他拍案而起，振臂高呼，坚信正义与真理永远存在；在书案工作中，他以笔为刃，笔耕不辍，用共同理想振奋同胞爱国热情；在反动特务前，他横眉怒目，不畏牺牲，最终为革命事业献出了自己的生命。他就是中国共产党的亲密战友和具有共产主义理想的革命战士——闻一多。

在学生时代，闻一多是五四运动的积极参加者，一贯具有爱国主义民主思想。1941 年皖南事变后，国民党消极抗日，军事溃败，广大人民陷入水深火热之中。富有正义感和强烈爱国热情的闻一多逐渐觉醒，他大胆地批判否定过去，勇敢地投入人民群众的革命运动。1945 年抗战胜利前后，他满怀革命热情，上下求索，信心百倍地为共产主义思想的胜利而高歌奋进，思想上实现了从爱国民主主义到共产主义的转变，成为中国共产党的亲密战友和具有共产主义思想的革命战士。闻一多先生用实际行动向世界展示了自己满腔燃烧的炽烈而纯粹的爱国之情。

闻一多先生既是一名伟大的爱国主义者和民主战士，又是一位著名的诗人与学者，受其身份影响，先生对于中国共产党及其先进思想的宣传与推广作出了重要贡献。西南联大时期，特别是1943年以后，闻一多先生在中国共产党的影响下，积极投身于反对国民党政权的独裁统治、争取人民民主斗争的洪流，在校园里公开称赞共产党，宣传民主科学的进步思想。1944年，他公开批评国民党，反对恢复传统的"持重"，主张并劝说道："这不是冷静的时候，希望老年人、中年人的步调能与青年齐一，早点促成胜利的来临！"

闻一多一生中参与了多次游行与演说，一直行走在反抗的队伍中。他在1944年12月25日护国起义纪念会后的游行中这样说道："你们看，我们的队伍这么长！这是人民的力量。因为是人民的力量，所以他是伟大的，谁也不敢抵挡！这是时代的洪流，它要冲垮一切拦在路上的障碍。"臧克家在《闻一多先生的说和做》中也记录了先生投身革命的言行："他'说'了。说得真痛快，动人心，鼓壮志，气冲斗牛，声震天地！他'做'了，在情况紧急的生死关头，他走到游行示威队伍的前头，昂首挺胸，长须飘飘。他终于以宝贵的生命，实证了他的'言'和'行'。"

闻一多先生是卓越的学者，是热情澎湃的优秀诗人，更是大勇无畏的革命烈士，他用尽一生全部心血让更多人认识到只有中国共产党才能真正代表人民群众的根本利益、才能救中国，坚定了群众跟随中国共产党的决心。

独步古今的国学大师闻一多先生原本是一名自由主义学者，起初并不是一名积极的社会活动家。然而，在中国共产党的影响下，闻一多先生成了中国共产党的挚友，并以其热血沸腾的《最后一次演讲》而被无数后人追忆、缅怀。

民族的危亡、家庭的分离，卢沟桥的炮火打碎了闻一多先生静守书斋的梦想。作为一名热血的爱国者，闻一多先生受到青年学生的影响，开始向学生了解中国共产党的情况，阅读马克思主义著作，尤其是毛泽东的著作。此外，闻一多先生与华岗建立了亲密的革命友谊，在共产主义思想的影响下，开始理解并接受唯物史观关于人民群众是历史的主人的观点，他在《人民的世纪》一文中写道：“今天只有人民至上，才是正确的。”

长期以来，闻一多先生都全力支持中国共产党。民主青年同盟重要成员洪德铭是闻一多的学生，当时民主青年同盟积极与中国共产党联系，得到党的直接领导，思想组织建设得到加强，洪德铭作为民主青年同盟重要成员，也一直与我党秘密联络。1945 年 7 月的一个下午，闻一多先生突然问道：“季凯（洪德铭原名），你是不是已经和共产党接上了关系?”在得到洪德铭犹豫但肯定的回答之后，闻一多大笑起来，宽慰道：“你还不了解老师？我过去是不过问政治的，后来是政治逼着我不得不去过问的。国家遭到这种地步，好像房子失了火，我是豁出命去救火的，所以我参加了民盟。从长远来说，共产党更有希望，现在坚持抗战、争取民主，还得靠共产党。民青既然和中共地方组织取得了联系，我们今后只会合作得更好。”之后很长一段时间，闻一多都是中国共产党的亲密战友和共产主义战士，并为新民主主义革命的胜利作出了巨大的贡献。

“在闻一多 47 年短暂的生命里，蕴藏着艺术家、诗人、学者、斗士多重身份，却始终贯串着一个追求——美。纯美的艺术，醇美的生命，审美的人生。”他深受党的影响，又深刻地影响着党，这是闻一多先生也是动荡中的知识分子的选择与归宿。

罗荣桓元帅:峥嵘岁月,革命荣光

2021年正值建党百年、立校百廿,春秋迭代,初心如磐。中国共产党百年如一日,心系人民,艰苦奋斗,勇于担当。"不忘初心使命,永立时代潮头。"百年风云激荡之中,中国共产党不懈奋斗拼搏,始终坚定不移地为中国人民谋幸福,为中华民族谋复兴。百廿山大数经变迁,几度分合,历久弥坚,薪火相传。在山东大学120年的发展历史中,一代代山大人艰苦奋斗,勇于担当,矢志报国,深刻践行"为天下储人材,为国家图富强"的办学宗旨。

在这个重要的历史节点上,让我们一起回望峥嵘岁月,重温英雄事迹,感悟山大精神,一起走进著名校友罗荣桓与山大的故事。

罗荣桓,湖南衡山人,中国共产党的优秀党员,久经考验的忠诚的共产主义战士、坚定的马克思主义者、伟大的无产阶级革命家。他是中华人民共和国的开国元勋,更是十大元帅之一。罗荣桓也是我们山大的校友,1924年他考入了山东大学的前身之一——青岛大学。这段求学经历在知识和精神上让罗荣桓不断成长、走向成熟,对他的未来产生了深远的影响。

罗荣桓成为山大学子的时候,中国正风雨飘摇、国力衰微。帝国主义的压迫与侵略、国内军阀的割据混战,让中国分崩离析、民不聊生。面对艰难的国运,罗荣桓陷入了深深的思考。他希望自己可以通过学习知识和先进思想让中国强大起来,发挥青年人的力量为国家富强而奋斗终生。这期间发生的几件事让罗荣桓迅速成长起来,也让他更加坚定了报国的决心。

第一件让罗荣桓立志报国的事,是日本人对他的刺激。1925年4月的一个星期天,春意正浓,汇泉山上的樱花争相绽放。罗荣桓和几个同学相约到山上去观赏樱花,但当他们爬上山时,看到的却是樱花树下三五成群、纵声欢笑的日本人。与此形成鲜明对照的是,路上少有的几个中国人都避立一旁,好像这满山的鲜花是专为日本人开放的一样。汇泉山上的樱花开得娇艳欲滴,但是它们在罗荣桓的眼中却是那样的骄横刺目、盛气凌人。在这一刻,罗荣桓虽脚踏中国的土地,心里却似有身处异国之感。

令人愤懑的事情并不只这一件。罗荣桓在校期间,日方曾邀请师生参观日本军舰“比睿号”。看到先进的日本军舰,听着日本军官赤裸裸的炫耀,我国海军的落后犹如一把尖刀深深刺痛了他的心。回到学校后,同学们议论纷纷,罗荣桓说:“中国是一个有四万万五千万人口的大国,有着漫长的海岸线,应当有强大的海军。”罗荣桓学的刚好是工科,他认识到要建设海军,首先要使国家富强,而要使国家富强,就必须发展工业。

第二件则是震惊中外的“青岛惨案”。1924年4月底,青岛一万八千余名纱厂工人参与大罢工,5月遭到日本帝国主义和反动军警的血腥镇压,这就是“青岛惨案”。惨案发生后,罗荣桓被推举为学生会的主要负责人之一,带领同学们义无反顾地投入了这场汹涌澎湃的革命斗争中。他白天带领讲演队到街头巷尾演讲惨案情况,晚上参加演剧队的工作,募捐资金支持工人斗争。只可惜,这场运动被日本帝国主义勾结中国军阀镇压了下去。

时势造英雄,正是这一次又一次的刺激,让青年时期的罗荣桓坚定了立志报国的决心,也正是这段求学时光,让他逐渐走向成熟,最后成为中华人民共和国的缔造者之一。

如今的和平盛世是革命先辈与无数烈士用汗水和鲜血拼来的、搏来的。毛泽东主席曾作"君今不幸离人世,国有疑难可问谁"的诗句来痛悼罗荣桓元帅。罗荣桓元帅为中华民族的解放、新中国的成立和建设都作出了巨大的贡献。回望山大历史,双甲子人才辈出,一位位校友不忘初心,坚定思想,在革命时期、建设时期、新发展阶段都发出了属于山东大学的光。

党史国史交融,党史校史争辉,立足当下,面向未来,我们在缅怀罗荣桓元帅的丰功伟绩之时,更要学习他崇高的爱国精神、坚定的无产阶级立场和艰苦朴素的生活作风。山大学子要努力学习罗荣桓元帅对党无限忠诚、对人民无限关爱的高尚品格,坚定理想信念,树立爱国主义、共产主义的远大理想,开拓创新、奋发有为,为全面建设社会主义现代化国家贡献青春力量!

华岗先生:战士、学者、校长
——红色血脉,代代传承

2021 年是中国共产党成立 100 周年。从播下革命火种的小小红船,到领航复兴伟业的巍巍巨轮,在百年奋斗历程中,我们党领导人民取得了举世瞩目的辉煌成就。

回顾党史,有这样一位共产党人为中国革命作出过巨大贡献,他就是无产阶级革命战士、山东大学的老校长——华岗。1903 年,在群山环抱、竹林秀丽的浙江省衢州市龙游县庙下乡的一座普通民居里,华岗呱呱坠地。1920 年,意气风发的华岗从这座老屋出发,赴衢州求学,从此,将一生奉献给了共产主义事业,自始至终,他都是信仰坚定的马克思主义者,是忠贞不屈的共产主义战士。

作为山大学子,相信我们对于华岗校长的学者一面了解居多,但是对于他的革命热情却可能知之甚少。那么,为什么说华岗先生将一生都献给了共产主义事业呢?

华岗先生翻译《共产党宣言》的经历是最好的例证。1920年,陈望道翻译了第一本全译本《共产党宣言》,随着革命形势发生巨大变化,党内迫切需要重新翻译一遍《共产党宣言》,在山河破碎、风雨飘摇的1930年,只有二十几岁的华岗同志郑重接受了组织的重托。接受任务后,他没有丝毫畏难,立刻投入到了工作中。他以陈望道翻译的版本为参照,加上自己对共产主义的理解,字斟句酌,反复推敲,出色地完成了英译本《共产党宣言》的翻译。特别是译文最后那句"全世界无产阶级联合起来",如惊雷破云响彻革命道路,如峰岗崛起撑起民族脊梁,激励着成千上万共产党人为共产主义理想不懈奋斗。

此外,华岗先生在无产阶级思想解放方面与马克思主义教育方面作出了卓越的贡献,而这就不得不提他在山东大学任校长的这段经历。华岗校长认为办好一所高校的关键是拥有一批高水平的专家教授,为此他亲自奔走,多方招揽,彼时的山大可谓英才济济、名家辈出。中文系的"四大金刚"与历史系的"八马同槽",时至今日,仍是一代代学子谈论的佳话。

值得一提的是,华岗校长带领全校师生学习马克思主义理论,建立了政治大课制度,亲自讲授社会发展史和辩证唯物论,进行马克思主义的启蒙教育。20世纪50年代,每逢周六下午,山大校园里人潮涌动,这是因为华岗定期给全校师生作"社会发展史""辩证唯物主义与历史唯物主义"或政治形势的大报告。当时,校园广播里常常传出华岗清晰、洪亮的声音。驻青岛的海军军官、山东省市机关的干部都会来聆听华岗的报告。大家聚精会神,一边听,一边记笔记,这也成为当年山大一道靓丽的风景线。除了知识内容的传授，华岗校长对学风的培养也看得很重，任职期间他帮助学生在学习与研究中养成"踏实"的品格，营造了浓厚的学习氛围，这一时期的山大学生对此有着深刻的体验："入夜，图书馆灯火通明，座无虚席，校园一片宁静。数千青年学子埋头书本，像蚕食桑叶。"学校呈现出生气蓬勃和兴旺发达的景象，这一时期被称为山东大学建校以来的又一个"黄金时代"。

然而，华岗校长的一生充满了坎坷。1932 年，因为叛徒的出卖，时任中共满洲特委的他被国民党当局逮捕，在那个"宁可错杀一千，不可放过一个"的白色恐怖年代，在狱中面对敌人的残酷逼供，华岗先生不畏强暴，勇敢周旋。国民党严刑逼供，但华岗坚称自己不懂政治，决不暴露身份，度过了五年暗无天日的时光，最终保守住了组织的秘密。虽深陷牢狱，但他追求真理的脚步从未停止，他以笔为枪，有诗明志："知识无涯天地宽，须行即骑莫迟徨。双膝未膑当知足，可酬热血换文章。"在失去自由的牢狱中，华岗不分昼夜地学习，写下了《美学论要》《科学的分类》等近万字文稿。尽管一个人孤零零地走在看不到尽头的黑夜中，但只要还看得到北极星，就有继续前进的方向和希望。在华岗校长的心中，创作就是那颗照亮黑夜、引领未来的星星，他把全部心血凝聚在那锋利的笔尖上，用力写下心中的真理和光明，其大智大勇，令我们击节而赞！

脚踏沃土，心系祖国。作为战士、学者、校长的华岗先生就是这样用他的实际行动书写着自己的传奇人生。

同学们，赤光不灭，火耀不流。如今，华岗校长的雕像矗立在山大的校园里，凝视着一代又一代的师生，守望着一年又一年的教学。正如习近平总书记强调的，光荣传统不能丢，丢了就丢了魂；红色基因不能变，变了就变了质。我们青年马克思主义者一定要以老校长为榜样，坚定共产主义信仰，让信仰之火熊熊燃烧，以青春奋进之姿，为实现强校兴国之梦而不懈奋斗！

结　语

迟迟不愿意写下第一句话，因为知道，当文章写完了，我们这一段旅程或许就该到了终点。

把时间拨回 2020 年，拨回到那个我们相遇的夏天。

30 名学员来自不同的专业，有着不同的性格，但无一例外都是各自班级的佼佼者。我一直认为，优秀的人都有自己的棱角，聚到一起只会扎伤对方，但仅是第一次沂蒙实践就改变了我的想法——大家是开朗的，是热情的，一见如故。每一个人都像是一团独特的烟花，共同绽放在静谧的夜空，交相辉映，构成绚烂的美好；每一个人又像一块块特殊形状的拼图碎片，依靠着彼此之间的磨合，拼在一起构成了最和谐的美丽图画——山东大学成仿吾英才班第四期。

我们很幸运，成为彼此生活中重要的一部分。一年间，我们之间的交流自然了、随心了，因为我们已经是无话不谈的朋友，我们不再会小心翼翼地组织自己的语言，而是脱口道出自己最真实的感受，因为彼此都会包容，彼此展现的都是最真实的自己。

最容易留到心里的是情感，但更多地渗透进我们学习与生活中的是仿吾班教会我们的知识与能力。

在这里，毛泽东思想和中国特色社会主义理论不再是停留在书本上的文字，而是生动地活了起来！课堂上，各位精英老师会通过幽默的语言、独特的方式、紧跟时代的分析与另辟蹊径的视角向我们阐释不一样的理论知识；沂蒙山区和台儿庄古城的两次线下实践，让我们跨越时空界限，与一位位英雄先烈精神共振，感受那个时代的脉搏，汲取红色营养；读书会、交流会，各种各样的特色学习以不同方式、从不同侧面让马克思主义越来越立体，越来越具象。

笃学深思，学以致用，仿吾班的每一位"小青马"既是社会主义核心价值观的坚定信仰者、积极传播者，更是其内涵的忠实推广者、模范践行者。寒假实践中，我们深入基层，调研脱贫攻坚，助力全面小康；百廿校庆，我们为杰出校友制作系列纪念视频，宣扬英雄事迹，弘扬红色精神。新一代的我们，不仅是红色血脉的继承者，更要争做乘风破浪的领航人。奋斗青春，挥洒汗水，以梦为马，不负韶华！

或许很多年之后再回首，我们不会记得课堂上具体学过哪些内容，也不记得当年具体做了些什么，但我们一定会记得有一段青葱美好的岁月，记得这一群志同道合的伙伴，记得这是一段很有意义的旅程。若我们可以会心一笑，那么便算是不负时光、青春无悔了。

最后，愿每一个终点都是一个新的起点。

（文/朱展鹏）

附　录

山东大学成仿吾英才班学员名单

一期学员名单

序　号	学　院	姓　名
1	历史文化学院	刘凯然
2	能源与动力工程院	曲　鹏
3	管理学院	李好男
4	经济学院	战晓东
5	外国语学院	孙文菊
6	化学与化工学院	刘振松
7	外国语学院	宋梓洺
8	机械工程学院	亓文豪
9	数学院	陈中午
10	药学院	孔欣茹
11	电气工程学院	高志民
12	管理学院	王　颢
13	经济学院	王昊晨
14	化学与化工学院	王宇辰
15	能源与动力工程学院	徐　洋
16	药学院	李文靖
17	化学与化工学院	肖笑园
18	能源与动力工程学院	孙彧炜

续表

序号	学院	姓名
19	历史文化学院	郭胜豪
20	化学与化工学院	刘德志
21	哲学与社会发展学院	解梦华
22	能源与动力工程学院	陈门迪
23	国际教育学院	赵　宸
24	外国语学院	丁嘉琪
25	微电子学院	闫兆璋
26	公共卫生学院	孙　潇
27	外国语学院	熊声悦
28	外国语学院	谢文玲
29	临床医学院	张明惠
30	基础医学院	许博涵

二期学员名单

序　号	学　院	姓　名
1	化学与化工学院	贾长昊
2	材料学院	郑镇钢
3	经济学院	宫　馨
4	电气工程学院	张元赫
5	文学院	张　弛
6	历史文化学院	吕凤悦
7	外国语学院	任好为
8	临床医学院	胡守蕊
9	经济学院	郝　放
10	电气工程学院	刘　畅
11	药学院	李婧茹
12	电气工程学院	吴浩盛
13	历史文化学院	冯天予
14	历史文化学院	周　昊
15	临床医学院	万小涵
16	文学院	寻天琦
17	管理学院	刘天月
18	机械工程学院	翟强强
19	文学院	齐浩男
20	材料学院	曹成欣
21	管理学院	曹　莹
22	能源与动力工程学院	郭　彪
23	电气工程学院	卜祥亚
24	新闻传播学院	王艺霖
25	数学院	曹　志
26	数学院	袁　博
27	临床医学院	焦晓宇
28	新闻传播学院	马　田
29	公共卫生学院	肖意楠
30	管理学院	毛洁玲

三期学员名单

序　号	学　院	姓　名
1	哲学与社会发展学院	臧　一
2	经济学院	林悦轩
3	文学院	宋文婷
4	文学院	王皓宇
5	文学院	魏一然
6	文学院	尚文月
7	新闻传播学院	牛　凝
8	新闻传播学院	杨婷丹
9	新闻传播学院	毛秀慧
10	外国语学院	李雪倩
11	外国语学院	刘力凤
12	文学院	徐馨蓉
13	化学与化工学院	刘春发
14	材料学院	侯亚琳
15	材料学院	葛雨辰
16	材料学院	周子淳
17	控制科学与工程学院	刘茂祺
18	控制科学与工程学院	林子程
19	能源与动力工程学院	张　素
20	电气工程学院	刘泳含
21	电气工程学院	王续卓
22	电气工程学院	吴佳昊
23	电气工程学院	孟铃涵
24	电气工程学院	丁琦欣
25	基础医学院	白润泽
26	基础医学院	金煜翔
27	药学院	李雪瑞
28	管理学院	殷　菲
29	管理学院	石林娜
30	齐鲁交通学院	何海东

四期学员名单

序　号	学　院	姓　名
1	哲学与社会发展学院	牛慧彬
2	哲学与社会发展学院	郭力源
3	新闻传播学院	赵颖颖
4	新闻传播学院	代　鹏
5	药学院	赵致远
6	文学院	范益宁
7	经济学院	亓秋月
8	经济学院	周冠辰
9	经济学院	乔松源
10	外国语学院	许立挺
11	外国语学院	孙一昊
12	外国语学院	林诗琦
13	外国语学院	马中南
14	外国语学院	殷晨浠
15	控制科学与工程学院	刘慧杰
16	控制科学与工程学院	杨智豪
17	国际教育学院	王雨琳
18	基础医学院	朱展鹏
19	基础医学院	张继正
20	基础医学院	刘雪晗
21	化学与化工学院	王彦滔
22	管理学院	刘恃君
23	管理学院	赵晓熙
24	管理学院	王悠涵
25	电气工程学院	邵　点
26	能源与动力工程学院	高李泊廷
27	能源与动力工程学院	杜若飞
28	齐鲁交通学院	苏恩行
29	历史文化学院	毕欣雨
30	数学学院	王雅祺

山东大学"成仿吾英才班"培养方案

为深入贯彻党和国家的教育方针，落实立德树人的根本任务，培养德智体美劳全面发展的社会主义建设者和接班人，充分发挥山东大学马克思主义学科优势，深入推进"青年马克思主义培养工程"，根据《山东大学"成仿吾英才班"实施方案》(山东大学字〔2017〕27 号)精神，结合新时代对青年政治人才的要求和第一届毕业学员培养实际，拟进一步优化调整"成仿吾英才班"(以下简称"仿吾英才班")培养方案，具体如下：

一、培养目标

"仿吾英才班"通过对优秀大学生进行马克思主义基本理论和实践技能的培育，以理论授课、基层锻炼、交流访学、人文育人、社会实践等形式为载体，探索具有马克思主义理论素养和领导才能的特色人才培养模式，发展一批走在时代前列的奋进者、开拓者，社会主义核心价值观的坚定信仰者、积极传播者和模范践行者，使其成为引领广大青年学生成长、推动校园文化传承与发展的榜样力量。

二、培养要求

(一)系统掌握马克思主义理论专业的基础知识，能够从整体性上学通、弄懂和研究马克思主义的基本原理与科学精神。

(二)了解马克思主义学科的最新动态，具有一定的科学研究能力和良好的科研学术作风。

(三)从山东大学为国育贤的办学初心、优良的办学传统以及成仿吾等先贤严谨扎实的治学品格中，汲取精神力量，正确认识时代赋予的历史使命，成长为政治坚定、素质全面、具有卓越领导力和高度社会责任感的青年骨干。

三、培养对象

通过学院推荐及个人自荐相结合的形式，原则上从全日制一年级本科生中择优选拔，每学年拟培训30人。基本条件如下：

（一）具有山东大学学籍的全日制本科一年级学生。

（二）政治立场坚定，拥护党的领导，积极要求进步。

（三）品学兼优，学有余力，本科一年级第一学期的学习成绩绩点排在本专业前50%。

（四）热心参与社会工作，具有一定的社会责任感、奉献精神、创新精神和实践能力，得到老师和同学的普遍认可。

（五）积极参与学生工作，表现良好的学生干部或理论社团骨干优先。

（六）积极组织、参加各类社会实践、志愿服务、科技创新和文体活动，在科技创新、文化体育方面具备一定特长。

四、选拔考核

（一）选拔流程

按照学院推荐和自我推荐相结合的报名形式，通过初选、面试等考核环节，产生最终名单。

有意向且符合报名条件的同学须按要求如实填写《山东大学“成仿吾英才班”选拔申请表》，并提交对党和国家最新文件及讲话精神的学习心得一份或以青年马克思主义者参与校园建设和社会发展等为主题的论文一篇。

报名截止后，对所有报名同学进行初选，通过初选的同学需参加面试考核，面试合格者入选最终名单。

（二）考核方式

每位学员应参加所有培训环节，不得无故缺席。一学年内 3 次未参加必修课程者或中期考核不合格者将被劝退。

考核成绩是否合格，主要依据两个指标：一是课程（活动）的出勤率，二是培育内容完成情况。考核评价有关材料纳入学员个人档案，学员培育期间实行淘汰制。

考核全部合格的，由本科生院进行学分认定，学校授予马克思主义理论专业辅修证书。

五、教学计划

"仿吾英才班"教学计划由马克思主义学院负责制定落实，并报备学校本科生院。

"仿吾英才班"以一学年为一个培育周期，每年 6 月开班。根据《教育部关于印发〈新时代高校思想政治理论课教学工作基本要求〉的通知》（教社科〔2018〕2 号）要求，本科生通识教育必修课程"毛泽东思想和中国特色社会主义理论体系概论"（以下简称"概论"）课由原来的 6 学分改为 5 学分。"仿吾英才班"学员在结业考核中成绩合格者，所修学分可置换"概论"的 5 学分。学员结业后，进入跟踪培育期，应发挥榜样带动作用，辐射更多青年学子。

学员入班之后，无特殊原因中途不可退班，若出现退班或考核不合格的现象，需重修"概论"课程，并不予发放马克思主义理论专业辅修证书。

（一）核心课程

邀请国内外知名专家学者在学年内每两周为学员进行理论教学，核心课程设置为马克思主义理论前沿问题研究、马克思主义经典著作选读、中国化马克思主义著作选读、中共党史、党的建设专题研究、本科生导师互动研讨课等专业必修课程。特别增设了专题研究与论文写作课程，以强化学生的学以致用能力。

（二）实践教学

利用假期时间组织学员到古田干部学院、全国青少年井冈山革命传统教育基地、中国延安干部学院、沂蒙革命老区等开展访学交流活动和社会实践，并提交实践报告。针对今年疫情影响，特别设置了线上的社会实践调研。结合时政热点，组织摄制"'建党百年　立校百廿'里的山大故事"系列视频。

（三）个性化教学

学校将为学员选配成长导师团，由导师指导学员独立完成课题调研及写作，并对学员在校期间的学习情况进行监督和跟踪。

示范团支部建设

成立仿吾班团支部，在"三会一课"、主题团日、志愿服务、文体活动与科技创新方面进行指导，丰富仿吾班学生第二课堂活动，着力打造山东大学示范性、引领性团支部。

（四）课程设置及学时分配表

课程类别	课程号	课程名称	学分数	总学时	总学时分配		考核方式	开设学期	备注
					授课	上机			
专业必修课		马克思主义理论前沿问题研究	4	64	64			1夏	
		马克思主义经典著作选读	4	64	64			1夏	
		中国化马克思主义经典著作选读	2	32	32			1夏	
		中共党史、党的建设专题研究	2	32	32			1夏	
		本科生导师互动研讨课	2	32	32				全年
	小计		14	224	224				
实践环节		暑期教学实践	4	4周				1夏	
		寒假社会实践	2	2周				1寒	
	小计		6						
	合计		20	320					